好事即將發生 2

史努比 Snoopy 陪你發現
獨一無二的自己

That's Not a Fault...It's a Character Trait

亞伯拉罕 J．托爾斯基 Abraham J. Twerski, M.D.
查爾斯．M．舒茲 Charles M. Schulz —— 著

戴家榕 —— 譯

目錄

花生漫畫（Peanuts）人物關係圖

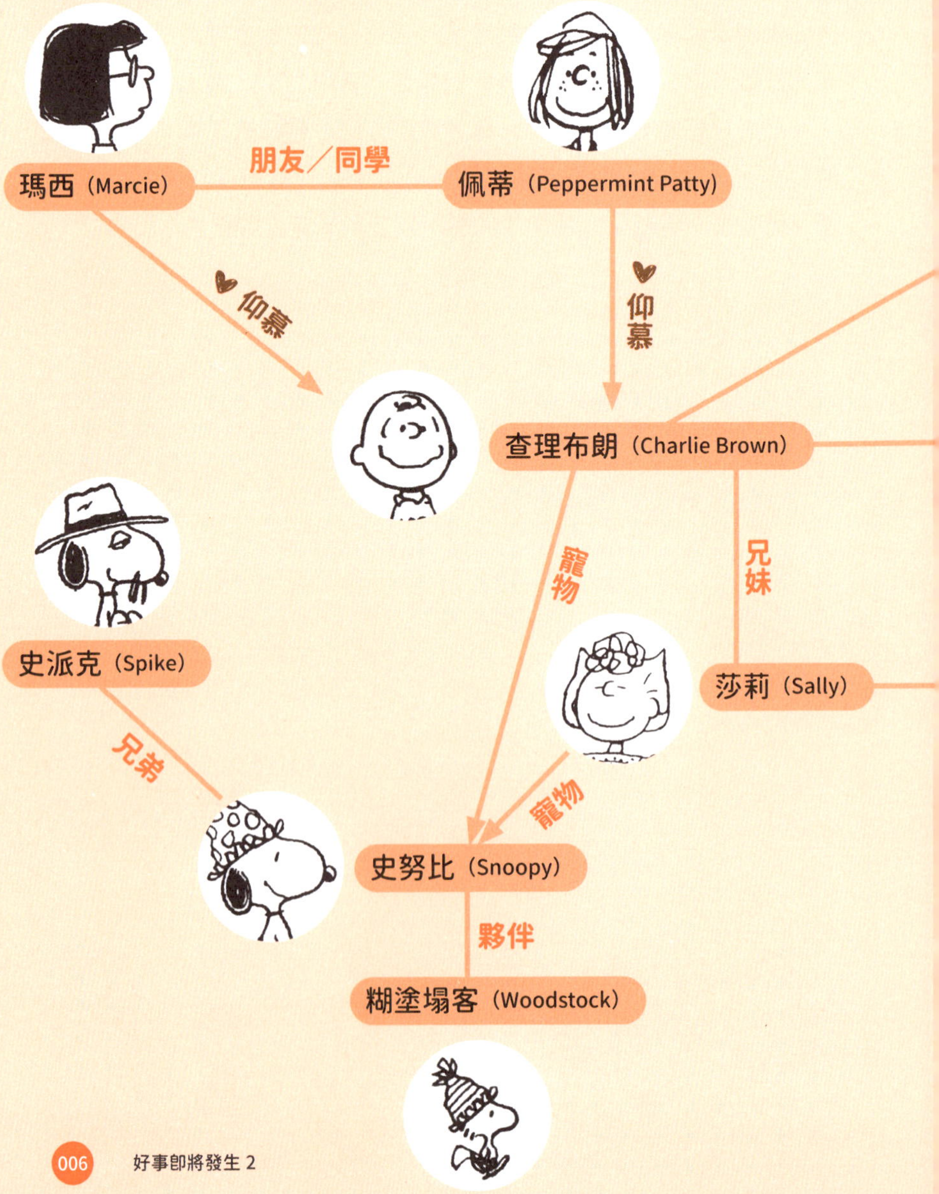
瑪西（Marcie）
朋友／同學
佩蒂（Peppermint Patty）
仰慕
仰慕
查理布朗（Charlie Brown）
寵物
兄妹
史派克（Spike）
兄弟
莎莉（Sally）
寵物
史努比（Snoopy）
夥伴
糊塗塌客（Woodstock）

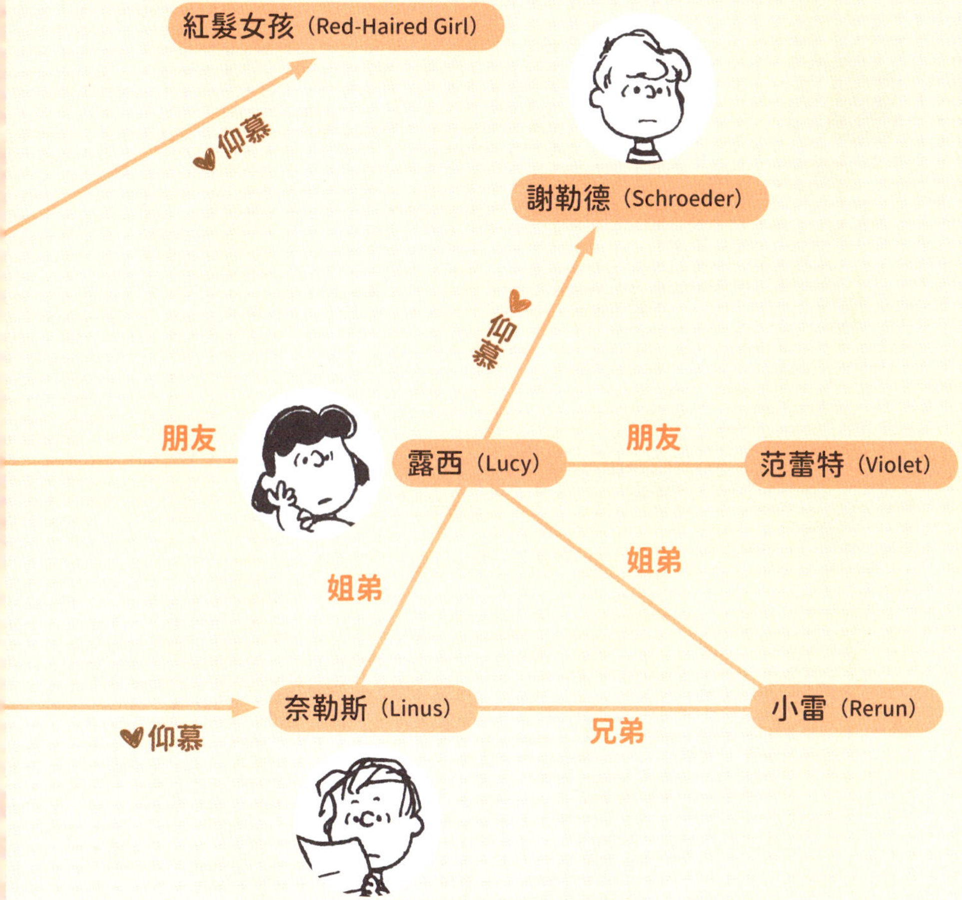
紅髮女孩（Red-Haired Girl）
仰慕
謝勒德（Schroeder）
仰慕
朋友
露西（Lucy）
朋友
范蕾特（Violet）
姐弟
姐弟
奈勒斯（Linus）
小雷（Rerun）
仰慕
兄弟

主要人物介紹

查理布朗（Charlie Brown）

個性溫和，時而樂觀時而悲觀。每每全力以赴，像是總是用盡全身力氣去踢橄欖球或打棒球，但結果總是不盡如意。總是把自己想得太過糟糕，但其實既單純又無害。

史努比（Snoopy）

查理布朗的寵物，運動萬能，一直記不住查理的名字，內心都稱他爲「光頭小子」，充滿自信，常有天馬行空的幻想。在用幻想逃避現實，以及與現實妥協之間，爲我們做了最完美的示範！

糊塗塌客（Woodstock）

史努比最好的朋友，跟史努比一樣容易陷入幻想。但總是比史努比更能看清現實，所以常會戳破那些想像，讓史努比理智回籠。

露西（Lucy）

查理布朗的朋友，把自己看作理所當然的成功者。對於任何失控的事，都有一套合理的說詞，守備能力其實跟查理布朗的投球能力一樣糟糕。對弟弟奈勒斯來說，她是個恐怖的獨裁者。

瑪西（Marcie）

與佩蒂之間的友情近似母女，而瑪西也總如媽媽般照顧著佩蒂。總稱佩蒂為佩蒂小姐或先生（sir），因為佩蒂曾經是她的夏令營領隊，但也有種說法是，瑪西認為具有運動才能的佩蒂比較陽剛。兩人都喜歡查理布朗。

佩蒂（Peppermint Patty）

喜歡運動，不喜歡做作業，上課常打瞌睡，所以功課不好，但總能把任何事怪罪都到別人身上。喜歡查理布朗，卻也常把他作為代罪羔羊。

莎莉（Sally）

查理布朗的妹妹，十分仰慕奈勒斯，夢著將來成爲他的新娘，個性強勢有魄力，很討厭做功課與夏令營。雖然年紀比查理小，但深知他的弱點，常以話術操控查理布朗幫她寫作業。

謝勒德（Schroeder）

喜好音樂，瘋狂崇拜偶像貝多芬。露西很仰慕他，但謝勒德對音樂的投入，讓他完全沒有察覺到露西的存在，也毫不在乎露西的感情。

前言

這不是錯，只是某種性格特質

史努比、查理布朗、佩蒂、奈勒斯，和他們的所有朋友，都已成爲我們生活中的一部分。數十年來，上百萬的人會因爲還沒讀到《花生》連環漫畫，而覺得他們的一天不完整。有時候，我們會被這些角色的滑稽行爲逗笑，但有時候我們會意識到，這些漫畫不只是娛樂而已，漫畫裡的某些東西使我們產生共鳴。

這是有道理的。《花生》漫畫中的角色不是純然虛構。相反的，他們代表著我們的眾多人格特徵。我們是不是偶爾會因爲預設結果失敗而直接放棄呢？聽起來很像查理布朗會做的事；遇到想控制我們的人時，我們的第一反應是不是畏縮退卻呢？聽起來像被露西嚇到的奈勒斯。

查爾斯．舒茲的天才之處，在於他描繪了許多人格特質，並透過筆下受人喜愛的角色，展示這些特質的運作方式。他筆觸溫柔，畫出這些特質如何帶來負面影響，以及改變某些行爲後，我們能有多大收穫。

那麼該如何知道自己需要改變？要求每個人參加整套心理測驗嗎？我有個更好的點子：讓我借用「花生」夥伴們，告訴你有哪些性格特質會造成影響。如此一來，你或許就可以開始屬於自己的心理測驗旅程。

十九世紀末被認爲是現代精神病學與心理學時代的起始點，大家也都知道，當時最有名的人物是西格蒙德．佛洛伊德（Sigmund Freud）。在他的許多著作中，主要聚焦討論「精神官能症」（neuroses）。簡單來說，精神官能症被視爲一種發生在健康人格裡的情緒障礙，很像得了感冒或是某種感染症狀，使得原本健康的身體受到影響。在好幾十年的時間裡，精神病學家與心理學家最感興趣的，都是如何治療精神官能症。

然而，大約在一九四○年代，心理健康學界迎來改變。精神病學領域對精神官能症的關注減少，更多人開始注意「人格障礙」（characterologic disorders）。相較於前面提到的感染症狀，性格障礙更像是糖尿病這類終身疾病。也就是說，這並不是單一獨立事件，而是生理出現問題，因而影響全身系統。即使透過治療，可以讓糖尿病患者過著正常生活，但相對於鏈球菌感染喉嚨這類症狀，這顯然是一種本質不同，且蔓延得更加全面的疾病。

在精神病學群體關注的事物轉變後，我們開始看到更多診斷名稱，像是「被動攻擊型人格」（passive-aggressive personality）、「被動依賴型人格」（passive-dependent personality）、「抑鬱型人格」（depressive personality）、「自

戀型人格」（narcissistic personality）。這些診斷代表這個人正在經歷的，不是單獨發生的焦慮症，也不是歇斯底里轉化症造成的癱瘓（hysterical paralyses），而是他的人格有某些地方出錯了。

精神官能症和人格障礙的另一種不同之處，在於大家較容易把前者視爲異常現象，而性格或人格障礙似乎在很多「正常人」身上都看得到。有的人比較果敢及好鬥，其他人則比較被動；有些人對生活抱持樂觀看法，其他人則像是戴著墨鏡看世界。我們甚至沒有一條線來界定什麼是臨床上的人格障礙，什麼又是從「正常」演變出來的人格。這條界線通常很模糊。

很多有人格障礙的人都能正常生活，並在家庭、社會、職場上表現良好，甚至獲得事業或職涯上的成功。這些人說不定不曾看過精神科醫師。但即使被視爲「正常」，不同的人格缺點還是可能帶來沉重代價。即便能正常生活，卻有可能過得不開心。他們可能把憂慮加諸在旁人身上，也可能因此無法發揮潛能，而變得更加沮喪。因此，一個人如果可以知道自己的個性缺陷並稍微改善，生活將會變得更美好。

但說比做容易。如果「精神上」的症狀不僅使人脫離正常範圍，還造成不便，那麼很可能需要尋找專業協助。像是因爲懼高症而不敢去六樓看牙醫，或因爲有幽閉恐懼症而不敢踏入電梯內，這類症狀已經干擾到正常生活，必須諮詢精神科或心理醫師。然而，對消極性格的人來說，卻不是這樣。因爲消極並未影響生活，而且他一直以來都習於如此，甚至父親或母親也是如此，但這就是他啊，有什麼「不正常」嗎？

一個消極的人在公司，可能跟其他人職位相等，或許也有足夠的晉升能力，他甚至比其他人要來得機靈。但是爲什麼當公司內有個升遷機會出現時，總是另一個人被升職？因爲對方更加主動，並且選擇做可能獲得升遷的事。

於是這個消極的人或許會意識到，他原本有機會向上爬，獲得更好的薪水。於是即便問題出在自己沒有把握機會，他還是可能對同事的成功感到氣憤，導致原本良好的關係出現裂痕。更糟的是，他可能會氣那個沒有抓住機會的自己。這股怒氣使他易怒，而挫折與沮喪的情緒則使他面對家人時變得暴躁。他可能會「氣急攻心」，這個成語用在這裡眞是恰到好處，形容心理影響身體，導致心臟疾病、消化性潰瘍，或暴食等症狀。雖然消極或許被認爲是「正常的」，但最終還是可能引起憂慮和失能。

那麼該做什麼呢？去看精神科或心理醫生嗎？當一個人不覺得自己不正常時，就不太可能這樣做。事實上，他或許會把同事的升遷，當作是上級偏心的結果，甚至把自己沒被提拔這件事，當成上級歧視他的跡象。此外，諮商其實需要一點勇敢，而這通常是消極者所缺乏的。

那麼，有沒有可能讓一個被動的人，意識到自己的消極正在扯後腿呢？有沒有可能讓他發現，雖然這些行為不算異常，卻也無法帶給他任何成功？或許意識到這點，就足以激勵他做出改變，不管接下來要透過治療還是自己努力。

這對消極人格以及其他人格障礙都有用。不管是直接攻擊型、消極攻擊型、自戀型、消極型，人們總認為人格特質的缺陷無法改變。他們傾向認為這是無法改變的事實，就這樣接受一切行為模式。

這就是查爾斯．舒茲跟他令人喜愛的角色出場的時刻了。這些角色展現的特質在「真實生活」中不一定單獨存在。也就是說，每個人的個性之中，可能都混雜了一點查理布朗，一點莎莉，還有一點佩蒂。意識到我們身上的任何特質，都能促使我們更進一步地探究它們是否出現失調情況。

現在，就請與我一同踏上這個有趣，令人愉悅，又富含教育的冒險。一起觀察以及學習「花生」夥伴們的性格吧！

C.1

佩蒂：
這是誰的錯？

誰都需要一個可以被怪罪的對象

看來維繫生命的要素其實是四種而非三種：食物、住所、衣物，**以及一個可以讓我們怪罪的人**。無所不在的責備，以及有時會透過荒謬的合理化，把自己的錯誤和糟糕行為推到別人身上這件事，在在告訴我們，怪罪他人可能身負著自我調節的重要功能。這其實是一種性格特質，你會發現每當錯誤發生時，有些人選擇承擔責任，有些人則習慣先推卸責任。

當我們把自己的失敗投射給別人時，可以誇張到什麼程度呢？

查理布朗幫佩蒂安排了一個約會，把她介紹給乒乓認識。在情人節舞會上度過了快樂時光之後，佩蒂覺得乒乓愛上了她。於是我們可以看見當乒乓沒有繼續聯絡她時，佩蒂是如何反應的：

看到了吧，瑪西？
乒乓沒有寫任何東西給我！
如果他真的喜歡我，
早就打電話或寫信了……
這都是小查的錯！
他當初就不應該把我們兩個
湊在一起！
2-20

佩蒂說的話很經典，而且還是個性和心理上需要怪罪的人會遵循的原則。找個人追究永遠比較容易，你所要做的，就只是當個不可理喻的人而已。

佩蒂每次都拿到很差的成績，因為她不在意學校作業。然而，怪罪老師更容易，於是她再次變得不可理喻。

我想我大概知道為什麼妳
每科都拿 D- 了……
老師們都不喜歡
鼻子大的小孩！

與其承認自己因爲懶惰而每科拿 D-，佩蒂選擇怪罪老師偏心。對某些人來說，責怪別人可以讓他們暫時遠離情緒帶來的不適，就跟一般人喝酒或服藥一樣。但是，也如同酒精和藥物，這種輕鬆只是一時的，後續也將伴隨而來更嚴重的問題。意識到做錯了，可以促使自己糾正行爲，避免以後犯下類似的錯誤，但怪罪卻允許當事人逃避錯誤跟改正。不僅如此，怪罪還會讓人對責備的對象感到憤怒，而這種不必要的憤怒，總是會造成傷害。

佩蒂很懶惰。她通宵看電視，不寫作業，從來不在意教室裡發生的事情，還經常在上課時睡著，當然會拿 D-。佩蒂當然可能拿到好成績，只是就必須讀書，而讀書代表著要投注心力，這顯然是個佩蒂毫無興趣的想法。

老師，為什麼瑪西可以當學校的糾察隊，而我不行？
1-11
為了成為糾察隊隊員，我願意做任何事。
我願意站在大太陽底下，或是雨中跟雪中。我還可以在地震時指揮交通，我願意做任何事！
© 1982 United Feature Syndicate, Inc.
讀書？！
SCHULZ

接受卸責者的藉口是種縱容

根據佩蒂的理論，老師是不喜歡她的長相才給她 D- 的，因此這絕對不是佩蒂的錯。外表無法改變，所以不管她讀不讀書，成績都還是會很差。既然一切都是徒勞，她又何必大費周章呢？佩蒂怪罪別人，是在幫自己不讀書找藉口，也是爲了說服自己沒選上糾察隊是無可奈何的事。

用責備來逃避事情的人，絕不會只怪罪他人。他們會把握任何理由：因爲背痛而無法清洗牆壁、除雜草、清理地下室，這些都很常見。小時候，我曾經被醫生診斷有心雜音，這根本對日常生活沒什麼影響，但我因爲害怕學校裡的惡霸，一直以此爲藉口待在家中。我承認，這是個我希望到了某個人生階段時已經被改正的性格缺點。

疑病症（hypochondriasis）也是一種常見的逃避手法。對任何人來說，生理上的疼痛或缺陷，都可以讓表現不佳變得合情合理。一旦身體出現狀況，我們就可以告訴自己：「我眞的很想做這件事，只要身體好起來，我就會去做。」

現在每當我回想小時候抱怨吸不到空氣，讓父母擔心時，都帶著不小的罪惡感。父母很縱容我，因此沒有拆穿我的詭計，而是帶著我看了好幾個心臟科醫師，使得我也開始相信自己的謊言。親友們可能會認爲接受疑病症者的藉口是在幫助他們，但事實上這可能會強化他們的逃避策略，有些人就會像下面的瑪西一樣，因爲縱容而更強化負面行爲。

我一直在想妳的問題，
佩蒂小姐。
© 1978 United Feature Syndicate, Inc.
或許是因為妳沒有矯正散光，
才會在上課時睡著……
噢，是啊！
妳就是很希望看到我戴眼鏡吧，
不是嗎？瑪西？
3-7
有些人覺得自己戴眼鏡後
看起來很可愛啊，
佩蒂小姐！
SCHULZ

精神科醫生跟心理醫生在進行診治時，都會試著了解問題的源頭。如果能透徹了解某種症狀「背後的意義」，並且可以「解決」（不管這個詞代表什麼意思）問題的源頭，那麼症狀就會消失。但是這個方法不是永遠管用，有些精神病患看起來變得開朗，但心裡卻沒有比較好過，也沒辦法消除那些阻礙他們的負面特質。

現代某些教養心理學系可能會告訴佩蒂：「把電視關掉去讀書，**在那之後**我們會試著弄清楚爲什麼妳這麼討厭念書。」他們會直接針對症狀，把解釋跟慣性責備這件事留到以後處理。佩蒂不會喜歡如此，因爲她不想要花費任何力氣讀書。她情願現在先聽到解釋，試著去了解背後的原因，而不是去讀書。對她來說，這樣容易多了。

佩蒂小姐，
妳又在上課睡覺了，
而且還做夢。
我嗎？
你還在夢中叫了
小查的名字。
真的
假的？
©1978 United Feature Syndicate, Inc.
我覺得
妳喜歡他，
佩蒂小姐。
我喜歡
他嗎？
佩蒂小姐，
妳的內心混亂不已。
是這樣
嗎？
3-14
SCHULZ

現在佩蒂要爲此煩惱一陣子，而不用試著在上課保持清醒了。不管這個解釋合不合邏輯，只要不會被逼著去做不喜歡的事，她就可以接受。曾經有個年輕女生反覆要求我幫她檢測，看看是否有大腦損傷的可能性。她沒辦法拿到足以被大學錄取的成績，所以不願意接受醫生說她的腦部功能健全。很明顯的，她眞心希望能被診斷爲大腦受損，因爲只要事情變得糟糕透頂，她就可以以此作爲逃避的藉口：「你不能期待我考上大學。我沒辦法學習，我的大腦受損了。」或是「你不能期待我保住工作，因爲我的大腦受損了。」

花生漫畫
「老朋友查理布朗」
舒茲著
D-
不對，全錯了。
是嗎？
妳昨晚沒有念書對吧？佩蒂小姐。
沒有，我整個晚上都在看電視。我原本想要早起，在吃早餐前讀書，但我睡過頭了。
每次都是這樣……
9-26
唉
為什麼我總是學不會教訓呢？
我覺得我可能正在失去學到教訓的能力。
SCHULZ

佩蒂承認她的問題就是沒讀書，但與其想著可以改正，她決定把這件事當成無法克服的缺陷。

要逃避令人不快的現實，其中一種典型的手法就是直接否認現實。很多人靠著否認不想接受的現實度日，這對那些會修改自己過往的人來說習以爲常。既然過往不會正面槓上他們，改口告訴別人以及自己一切跟事實不同，還比較省事。否認當下的事實則比較難，但要是承認現實後必須面對許多痛苦的情緒，我們有可能會連發生在眼前的事都矢口否認。

我怎麼可能做一份跟漢尼拔將軍有關的報告？瑪西，我根本沒聽過他！
© 1979 United Feature Syndicate, Inc.
佩蒂小姐，去圖書館，然後在百科全書裡找他的名字。我是這樣做的。
5-1
或許明天會下雪，然後所有學校都會停課……
佩蒂小姐，晚安！

佩蒂不想學習任何有關漢尼拔的事情，而她將問題拋到腦後的方法，就是假設學校會停課，這樣就不用管作業了。這既是否認，也是另一種形式的怪罪。接下來，佩蒂會忽略作業。當隔天沒有下雪時，她就可以怪罪天氣。她怎麼會知道天氣預報員的預報是錯誤的？這次失敗並不是她的錯。

否認可能會以忽略事實、幻想事情與現實不同等形式出現。我曾經聽過花了大把心力研究某個理論，爲了證明假設而做實驗的科學家，因爲太想證實自己的付出，而在事實與理論不符的情況下，選擇扭曲實驗結果。

怎麼樣，瑪西？
她好像每科都給了我「A」。
的確……她的「D-」都寫得很像「A」。

任何潛力都在發揮後才會獲得獎賞

爲什麼人類會失敗？有時來自我們無法控制的原因，但更多時候是因爲人們沒有爲自己的行動負責，導致原本有機會修正的問題變得更加嚴重。佩蒂的失敗源自於懶惰，這是一個只要她努力就得以改善的特質。佩蒂絕對不笨，她只是不想爲了好成績努力揮汗。但是，所有埋藏在地殼底下的石油在被汲取到地表加工前，都無法啓動引擎。

佩蒂並不是如此看待事情，她比較喜歡全世界都因爲看到她的潛力而獎賞她。可惜不管是哪種潛力，現實都只會在它眞的有所發揮後才給予獎賞。

你看啦，瑪西！
老師居然給我不及格！
我快難過死了！
我原本很確定可以拿到高分的！
這是一張白紙……
但上面充滿了潛力！！
© 1994 United Feature Syndicate, Inc.
5-27
SCHULZ

世界隨著科學和科技的進步而改變，人活著便需要適應變化。人類本質上是忠於習慣的生物，持續做習慣的事絕對容易許多。因此過度飲酒的人通常會拒絕治療，堅持他們是因爲自私的老闆或不斷抱怨的老婆才喝酒，這句話的言下之意就是：「我不用改變，先讓我的老闆或老婆改變，我就會好起來。」

前陣子，警察在我家附近的一條街道轉角擺了一個禁制標誌。更早之前，很多摩托車經過那個轉角時都不減速，所以即便現在有個醒目的標誌立在那裡，這些人還是一如既往。老實說，我很享受看到那些忽略標誌繼續衝過轉角的摩托車被警察攔截，而且我可以保證，每三個摩托車騎士裡面，就會有兩個試圖用標誌太新的藉口逃避罰單。

是的，老師，
答案是「六」。
歷史？
抱歉，老師……
我以為我們還在上數學課。
© 1986 United Feature Syndicate, Inc.
我不知道你已經轉臺了。
SCHULZ
5-19

認清現實的確會「轉臺」

我家附近的駕駛忽略了現實早已「轉臺」，而把他們的錯誤歸咎到其他事情上。

律師跟會計師都必須跟上法律及條例規則的改變潮流，醫生也必須跟上最新的醫學發展。同樣的，父母也該注意現代孩子正面臨什麼樣的難題。父母太常忽略時代的改變，仍舊用上一輩養育自己的方式去養育孩子。我們不能把小孩的適應不良怪罪到社會的變化、教育體系、饒舌音樂，或是任何其他東西上。那些在青少年時期根本不能吸食任何東西的父母，無法想像自己十二歲的孩子可能在吸大麻，因此當他們發現時，將會受到強烈的打擊。意識到這些變化，可以幫助他們準備好面對挑戰。可能可以成功預防，或至少在發現後，能更有效率的處理問題。

傳統有存在的價值，例如公司已成立四十年的創辦人，他的形象或許令人感到安全及穩定。但是，如果接下來的繼承人到了現今，還在用早期的方式經營公司，很快就會發現自己手中握有的不是一間成長中的公司，而是一座歷史遺跡。到時候，他們就必須承認**沒有彈性這件事是個負面特質**。

現實的確會「轉臺」。如果我們沒能認清這件事，將會在人生成績單獲得 D-。一位復原中的酗酒者曾說：**「我必須接受世界有它自己的樣子，而那不一定是我想要的。」**孩提時期的我們或許被允許活在幻想之中。但要是父母太過縱容，在殘酷現實中把我們保護得太好，長大後可能就會期待每件事都按照自己的期待發展。一旦不如預期，就轉而怪罪某個人或某件事。

觀察嬰兒，會發現他們總是把所有觸手可及的東西往嘴巴裡送。對嬰兒來說，嘗嘗東西的味道，就是他們衡量現實的方式。嬰幼兒時期的正常行爲，在心智逐漸成熟後就應該被拋棄。如果我們沒辦法幫助孩子適應這個改變，嘴巴將會繼續作爲衡量現實的主要部位，而這也是導致某些人強制性暴食（compulsive overeaters）的原因之一。所以該怪誰呢？父母、成長中的孩子，還是那些「太好吃」而讓人難以拒絕的食物呢？

是什麼讓這個國家變好？
瑪西，妳寫了什麼答案？
「信任，勇氣和勤奮……」
妳呢？
花生醬吐司。

調整自己，而非怪罪他人

當一個人在某處失敗了，便可能試圖在其他地方表現優異，以獲得補償。這個信念並沒有錯，但必須用在合適的地方。

我小時候是個狂熱的棒球迷。在美國棒球人才輩出，諸如貝比・魯斯、喬・迪馬喬、路易士・蓋瑞格、「連二無安打賽投手」強尼・凡德・米爾的全盛時期，要熱中於棒球不是件難事。我生活、吃飯、睡覺、夢想打棒球。對當時的我來說，沒有任何事情比打棒球更珍貴。但天啊！我既無法擊球上壘，也接不到任何球。因爲這兩個缺點，從來沒有人願意跟我打棒球。

爲了打到棒球，我使出了最後手段。我把存下來的錢拿去買了一隻大家都超想要的「路易斯威爾球棒」。於是，球場上所有小孩都意識到，球棒和我就是個「買一送一」方案：不讓我加入，就別想用球棒。在各種討價還價，兩方隊長都堅持要另一方收留我後，我被其中一支隊伍接受，條件是：「我們讓他加入，但他的出局不算數。」

結果是，跟他們一起打棒球的這個假象，沒有讓任何人滿意。經過幾天毫無意義的三振出局儀式後，我決定把我的路易斯威爾球棒讓給其他小孩，轉而投入學習。這不禁讓我成績優異，還在學期中間就升上更進階的班級。用學業成績優異來彌補運動上的失敗最終造福了我。而在上述故事裡，我並沒有怪罪任何人，而是去調整自己。

可憐的佩蒂！她試著反其道而行，卻沒有達成預想中的效果。

PEANUTS
是的，查理爸爸，我是你兒子的朋友，我猜他跟你說過關於我的事情……
11-28
這是我第一次來理髮店……
我要參加一場溜冰比賽，想要剪好看的髮型……
話說，你知道我可以把你兒子三振出局嗎？
SCHULZ

佩蒂的棒球才能或許多少安撫了她受傷的自尊心，卻沒辦法讓她獲得眞正的獎賞。把查理布朗三振出局，並不足以彌補她在課堂上的 D- 表現。不過，在漫畫出版時，棒球的確主要是屬於男性的運動。佩蒂嘗試了另一種路線，她請查理先生幫她剪適合溜冰比賽的髮型。但這個準備很不幸地帶來了麻煩。

PEANUTS
小查！
你看我的頭髮！
你沒跟你爸說我是女生！
你看！
他幫我剪了一顆男生頭！！
我不能這樣去參加
溜冰比賽！！
嗚哇！！
拜託小心
妳的眼淚，
妳害我的雪人
要融化了！

這一次，佩蒂同樣不認爲這個小小的不幸是她的錯。我們透過她在剪頭髮過程中說的話嗅出端倪。但在角色設定中，她只會把這件事情怪罪給小查。

我們很愛妳，佩蒂。妳的確有一點極端，但那是因爲妳活在一部卡通漫畫中，注定成爲一個滑稽諷刺的角色。**我們愛妳，因為妳是我們每個人的一小部分。我們跟妳一樣會因為拿到 D- 而難過；也同樣會在發現自己靠著的肩膀其實屬於一個冰冷的雪人時，感受到無情世界帶來的寒意。**

C.2

史努比：
只有他能自在遨遊於幻想與現實

想像，使殘酷的現實變得可以忍受

受人喜愛的小獵犬史努比是花生漫畫系列裡的「主打星」。十幾年來，史努比抓住男女老少的心，熱度從未出現消退。顯然我們在這隻狗狗身上感受到某種極度令人喜愛的特質，才使他一直存在人們心中。

首先，史努比完全是個想像。狗的大腦的確很活躍，但沒人會相信眞的有一隻狗跟史努比一樣可以思考人生各種難題，也絕對沒有狗會寫偵探小說。對許多人來說，想像拯救了人生，使殘酷的現實變得可以忍受。我們買樂透彩卷，幻想因此擁有巨大財富，不用再擔心各種到期未繳的帳單。我們會幻想六個月後的度假場景，藉此逃避自己無足輕重、沒有價值的負面想法，並想像自己受到世界的讚賞跟歡迎。我們就連在睡夢中都會幻想，而我們的白日夢通常跟夜晚的冒險一樣鮮明。人們無法活在毫無想像的生活中，而**一隻會請黃色小鳥幫他寫信的狗狗，就是能維繫生活的，幻想的縮影**。

不過史努比並不只是一個幻想，因爲史努比自己也會想像。換句話說，作者幻想出一隻會幻想的狗。他會想像自己是個專業飛行員，追捕惡名昭彰的紅男爵曼弗雷德；有時也會假裝成爲深入敵營的士兵，或是面臨棘手案件的律師。**一個會想像的幻想本身就非常特別，就像灑在冰淇淋上的軟糖一樣，令**

人充滿驚喜。

但我們無法完全活在想像的世界裡。這會使我們與現實分離，甚至可能進入嚴重精神疾病的範疇：這類病患常認爲自己是上帝、先知或世界領袖。不僅如此，任何人若一直沉浸在幻想中，都將與現實世界產生衝突。無法生活在現實中也是一種負面的特質，人必須能從想像回歸現實，就像史努比離開他的英雄大夢後，意識到自己依舊需要查理布朗幫他準備晚餐一樣。**史努比帶我們進入他的幻想世界，也帶我們回到現實生活，這大概就是我們如此愛他的原因**。

我們可能會提早好幾個月開始想像假期，雖說度假未必只是幻想，但跟幻想還是有些相似，因爲這也是一種逃離現實的方式。這樣說好了，一位爸爸如果已經受夠整日面對嗡嗡作響不斷印出資料的電腦、上下班時擁擠又快速移動的電梯、高速公路上塞車塞到保險桿緊貼保險桿的車陣，還有如遊行彩帶般在螢幕閃爍的股市圖……他渴望逃離這乏味的現代生活，帶著孩子回歸自然，回到當年他與祖父一同釣魚的那個世界，那個尚未被破壞的自然。但這些幽靜之處早已迅速縮減，變得稀少珍貴，那些野外露營地變得如雨後春筍般冒出來的速食餐廳。帶著孩子回到美好伊甸園的想像，最終可能因赤裸的現實而粉碎。

這位父親試圖保存回憶，他或許會告訴孩子自己如何不依靠公園服務處提供的爐架，直接就地升起營火，以及當年如何熬過沒有自來水的日子。當他打開電視，可能會告訴孩子過去人們必須守著收音機才能知道最新消息。小孩可能崇拜的問爸爸，是否也曾面對被印第安部落攻擊的危險。

能在幻想跟現實間自由切換的父親會想辦法適應，用幽默找出兩者間的連結，帶給家人不同的冒險。

有些人幻想小事，有些人的想像則很巨大，但幻想並不限於個人。國家也可能沉浸在過往的輝煌之中，想像著統治世界。領地在地圖上幾乎看不見的小國，也可能幻想征服世界，即使沒有分毫現實條件可以支撐這個可能。

我們偶爾可能錯過從幻想世界回來的路

一個人的幻想不可能局限於特定主題，只要回想一下我們有過哪些想像，就可以發現它們的多變性。

我該不該跟你分享我的其中一個幻想呢？我幻想過指揮愛樂樂團演奏貝多芬的第五號交響曲。事實上，每當我聽到頂尖的音樂作品，都會想像自己正在指揮那個樂團。要是音樂呈現與我的喜好不同，我就會看見自己對著這些演奏家厲聲指責，一如許多傑出指揮家在預演時做的那樣。我第一次接觸到貝多芬偉大的交響曲是在阿圖羅·托斯卡尼尼的錄音帶裡，無與倫比的托斯卡尼尼指揮出至今無人可與之匹敵的詮釋。事實上我根本看不懂五線譜，所以這是永遠不可能實現的幻想——但至少可以讓我逃避現實。

這類幻想的威力有多強大，可以從我的經驗看到。當年我申請醫學院就讀時，所有申請者都被要求做一連串心理測驗。隨後，我被學校的心理師找去，他問我：「你確定你想當醫生嗎？你的測驗結果顯示你想從事的是別種行業，像是樂團指揮家。」我只能邊笑邊想著，這個祕密幻想居然影響了我的作答，以及測驗解讀的結果居然如此準確！

後來，我很開心地發現自己不是唯一擁有這種幻想的人。我在一檔電視節目裡看到丹尼·凱伊談到他也會偷偷幻想自己是個樂團指揮。他是我最喜歡的喜劇演員之一，也是當代最有天分的幽默大師。而我們之間的差別是，即使丹尼·凱伊也看不懂五線譜，還是想辦法實現了幻想：他真的指揮了一個樂團。不過他也談到幻想的危險性，因爲要能指揮一個樂團絕對不是只要揮揮指揮棒就好。背後要完成的龐大工作讓他而倍感壓力，甚至差點無法完成。

這讓我更了解，只要不是過度沉迷，幻想確實使人愉快，暫時逃離現實的繁重壓力也無傷大雅。但不幸的是，我們偶爾可能錯過從幻想世界回來的路。

有人這樣說過：**「神經質的人在空中建造城堡，神經病患者則是直接入住城堡。」**假使你能夠回到地面，那麼偶爾造訪天空中的城堡並不會造成傷害，但如果你直接住進去，那麻煩可就大了。對於負面特質是太常幻想的人來說，兩者之間的差異有時並不明顯。

我們一定要能區分幻想跟現實。許多婚姻都從幻想與自己所愛的人生活美滿開始。有時兩人的不適合會因爲幻想而變得模糊。假如現實殘酷阻礙了夢想成眞，婚姻關係很可能因此惡化，爲雙方以及孩子帶來嚴峻的後果。除非這兩個人都能離開想像，適應現實。

舒茲的厲害之處，是他讓我們看到史努比兼具幻想和回到現實的能力。

第一次世界大戰的飛行專家
正從他的飛機裡走出……
3-9
現在是黎明時
分，薄霧正籠罩
著大地。
空軍中校說今天正是突襲的
好時機……
他懂什麼呢？

做爲一個專業飛行員固然刺激，但在特殊情況下還要繼續幻想的話，勢必得待在寒冷的雨中，於是史努比爲了現實被窩的溫暖舒適，放棄了幻想。

史努比有他的自尊，即便對查理布朗絕對忠心，本質上卻還是隻自我中心的狗。他在意的是滿足自己的日常需求，同時透過幻想，提升自己作為一隻狗活在最底層的可悲地位。但當他覺得自己很重要時，這些想法就會同時出現，像是當他認為人類的主要功能是照顧好狗狗時。

要進入延長賽了……
他們應該會打到深夜。
沒想到觀眾居然都還待在那。
他們應該回家餵狗……

史努比有非常多幻想。在其中一個白日夢裡，他是舉世聞名的律師，還教了我們一些有關法律的事。

舉世聞名的律師正在前往法庭的路上。
公正處理吧，縱使天國傾覆。

即使天會塌下，
也讓正義得以伸張吧！
那可會毀了我整個案子。
SCHULZ

跟史努比一樣，我們或許也曾思考刻在法院石柱上的銘文是否符合現實。我們期許正義跟真理得以伸張，但現實卻有所不同。律師真正的職責是照顧客戶的利益，當正義偏向敵方，他們依舊必須想辦法幫客戶贏得官司，即便這會扭曲正義。

作為一名律師，
你應該要很熟悉「出口」
的意思。
「出口」就是一棟房產
出入的地方。
11-2
© 1982 United Feature Syndicate, Inc.

這個字也用來表示
逃離的方法。
那就是我的客戶在尋找的……
一個逃生出口。

律師必須幫客戶找到「出口」，這是職責所在，但這難道就表示正義完全只是幻想嗎？

誇大自我及感到優越，代表一個人花太多時間在假想世界裡。人們有各式各樣展現優越感的方式，其中一個就是使用專業術語。我們小時候都喜歡玩暗語遊戲（一種透過特定規則來改變英文發音的遊戲，有時是好玩，有時是刻意讓大人聽不懂），想讓朋友聽到高深詞彙後對我們刮目相看。其實大人也會做同樣的事：你可能會讀到一篇講述某種疾病的複雜醫學報告，或是聽到醫生們說這是一種「自發性疾病」。那就是用高深詞彙說出「我根本不知道原因是什麼」的意思。但由於醫生無法承認他們並非無所不知，於是「自發性」取代了「我不知道」。這樣一來，醫生就可以待在他們的奧林匹亞神殿裡，不用下凡處理有關醫療保險的各種程序。

舉世聞名的律師
正在前往法庭的路上。
10-15
當律師說
「SINE MORA」（拉丁文），
意思就是「不延遲」。
律師會說很多東西。
SCHULZ

律師也沒什麼不同，但我們就別繼續針對更多職業了，畢竟連修車師傅都常叨念各種可能不存在的汽車零件術語。語言是非常好的幻想供應商，而我們都有可能被自己不了解的事物吸引，這就是爲什麼在現實世界中保持理智如此重要。

有些人想像自己成爲暢銷書作者，有大批仰慕者大排長龍等著要簽名。這個想像是好的，或許會激勵一些作者，但如果在假想世界裡住得太久，現實世界的時間將不足以完成那些成爲暢銷作家必須做的苦差事。成爲作者之路大多充滿挫折，被接受的作品數量往往遠低於被拒絕的。

讓我再跟你分享一個故事。在我首度嘗試寫書時，還只是個初入精神學界一年的菜鳥。第一位讀者則是我親愛的太太，她爲了讓打擊小一點，對我這樣說：「親愛的，這眞的很棒，但等你累積更多工作經驗後，這本書會變得更好。」這是我第一次被拒絕。

親愛的兒子：
© 1982 United Feature Syndicate, Inc.
謝謝你寫信來關心我們。
但很遺憾，
我們目前不需要。
媽媽 筆
就連我寫回家的信都被拒絕！
SCHULZ
3-13

接著，我把這部曠世巨作拿給我的教授兼導師，請他給點評語。他面帶慈父般的微笑，把文件還給我說：「先擱置一陣子吧，亞伯，還不是時候。」我照著他的話做了。七年後我重讀這份稿子時，差點沒被自己當初寫的東西嚇死。感謝老天，當年的我沒有蠢到出版它。

這是你的
新小說嗎？
這個……
我的感受很複雜……
不知道該說它可怕
還是糟糕。
© 1983 United Feature Syndicate, Inc.
2-5
SCHULZ

後來，我試著用更成熟的方式重新撰寫一樣的主題，也就

是自尊心在心理跟情緒健康中扮演的重要角色。這一次，我確實寄給了出版社。事實上，我總共寄了十八間出版社，結果全部遭到拒絕。這遠遠超出我的理解，怎麼可能在這十八間出版社中，竟然沒有任何一間有慧眼看出這是多麼棒的專業著作？（此時的我陷入了幻想之中，覺得自己比他們都還懂出版這件事。）

您好，
關於您寄給我的拒絕信。
我覺得其中似乎有所誤會。
我想要的是您出版我的故事，
然後寄五萬塊給我。
您難道不懂這意思嗎？
11-13
SCHULZ
© 1991 United Feature Syndicate, Inc.

於是我認爲，主題沒問題，但作品的體裁不夠可口。我寫出一份跟多數講座一樣乏味無聊的演講稿。或許應該改成寫小說，讓書中角色表現出各種心理上的煩惱。我甚至可以安排一些角色去看精神科醫生，然後描寫他們進行心理治療的過程。我先寫了兩章改編版本，然後就在我閱讀這兩章時，一陣強烈的噁心感湧了上來。（我的雙腳終於在此刻回到地面了！）

那是個黑暗、
風雨交加的夜晚。
你知道最近賣什麼書會有市場嗎？政治小說！
11-14
你應該寫一本政治小說。
轉瞬間，
一場選舉熱鬧展開……
SCHULZ
© 1983 United Feature Syndicate, Inc.

在現實中缺乏什麼權力，就會幻想擁有它

我把這個計畫棄置了一年，然後再次重寫，這次既不是說教式的演講稿，也不是小說，而是一篇篇白描式短文。短短的故事敘述各種因爲自尊心低落而引發的臨床案件。我也在其中加入一些評論，點出可供人們應用在生活的重要觀點。最終版本《喜歡自己，其他人也會喜歡你》被一家大型出版社接受，並在十二年間受到某種程度上的歡迎。最終，幻想與現實得以調和。

對於人類來說，最強烈的驅動力就是掌握權力。偉大的心理學家阿爾弗雷德·阿德勒也認爲權力是人類的主要驅動力，至少對男性來說如此。阿德勒還依此發展出了一套人類行爲理論。

我們可以從明顯有控制欲的人身上看見對權力的欲望，這同樣也可以在追求政治高位的人身上看見。不管藉由民主手段還是武力獲得位置，這必定是難以抗拒的渴望。但我無法理解，爲什麼一個收入已經多到可以過上舒適生活的人，爲了成爲美國總統，會甘願承受伴隨著職位而來的麻煩事與悲傷，讓自己暴露在惡意的人身攻擊，甚至是殺手的子彈之下。至少在現代，針對總統的個人侮辱，已經多到降低這個位置所帶來的榮耀了。由此看來，的確唯有對權力的強烈渴望，才能驅使這樣的

行動。

我們在渴望擁有權力這件事上很脆弱，這通常不是件好事。像是現今變得很常見的家暴情況，不管是情緒暴力或是實際動粗，都源於控制欲。同樣的，一個不願意承認自己對酒精無能為力還瘋狂飲酒的人，也是因為渴望權力而受到驅使，當事人有時甚至會直白說出：「我可以喝倒所有人。」這種對權力的貪戀也發生在青少年幫派之中，或是對大人頤指氣使的小孩身上。誰不記得六歲時玩「國王的山丘」遊戲時那種想贏的好勝心呢？

我們在現實中缺乏什麼樣的權力，就會幻想擁有它。

"PEANUTS"
有時候我真希望自己是一隻蛇！
我會滑過地面，然後悄悄爬到任何人類的身上……
但仔細想想，當一隻蛇可能也不是那麼好。
肚子好像會消化不良。
8-29
SCHULZ

有些人喜歡吹噓自己，把自己的成功故事加油添醋，如同那些經典的「吹牛」故事一樣。這種故事通常會因爲被揭穿而戛然停止，吹噓的人可能也會因此感到自己愚蠢。

PEANUTS
我聽說這附近有隻食人魚出沒……
老天，那隻食人魚最好是別試著吃我！
3-29
任何試圖咬我的食人魚，就等著被揍！！
這裡除了米格魯以外沒別的動物了！
SCHULZ

我們都知道史努比有個心結：他只是一隻狗。於是，他的幻想將他變成一隻使人驚恐萬分的蛇。然而**史努比很幸運，現實介入使他意識到這可能會「對腸胃不好」。如果我們擁有跟史努比一樣優秀的判斷力，或許可以活得更快樂。**

史努比也是個好情人，可以低聲說出愛語來擄獲另一半的心。哪個年輕小伙子不曾幻想過自己帥到迷倒所有美麗的女孩？但同樣的，現實再次插足。當熱烈的愛情遇上唱空城計的肚子時，會發生什麼事呢？

PEANUTS
我最最最親愛的達令：
10-15
我想要更進一步認識妳。
我想要了解妳，
知道關於妳的一切。
妳比較喜歡什麼呢？
狗乾糧還是狗罐頭？
SCHULZ

忠於自己，別嘗試扮演他人

人類遇到各種問題的根本原因之一，就是他們無法單純做自己。某些人自我感覺過度良好，有些人則害怕展現眞實的個性，這兩種人其實都活在想像世界裡。

讓我退一步解釋。基本上，人類有足夠的能力跟資源面對現實。但有時候，當一個人沒有客觀看待自己，也沒有意識到自身的人格優點時，就會產生自己不夠好且低人一等的感受。對眞實的自己或自己以爲的樣子感到不滿意時，可能促使這個人試著成爲其他人。**問題在於，雖然這個人很擅長做自己，卻不一定能扮演好他嘗試成為的那個角色，因此，這些努力經常是白忙一場**。

哎喲！

真正的鱷魚不會咬到自己的舌頭。

史努比是隻好狗，要他作爲一隻狗活著也沒有什麼困難。不過，一旦他試著當一隻鱷魚，就可能因此承受不愉快的結果。這不僅是對史努比，對你我來說也是一樣的，嘗試扮演他人的結果，不一定會跟咬到舌頭一樣痛苦又明顯，有時候後果是很難察覺的。

「忠於自己」是非常中肯的建議，因爲否認自己或把自己假想成別人，最終都可能造成嚴重的心理問題。

舉個例子，我曾經覺得自己能成爲會計師，然而我並不是完美主義者。我試著把每件事情做好，但不到強迫的程度。也因爲這樣，我在開始上會計核算課程後，就發現自己不適合這份工作。當我在分類帳欄目的底端發現有五毛的差異時，根本無法理解爲什麼要大費周章，重新檢查所有登錄好的交易項目，直接從自己錢包掏出幾毛錢貼補不是簡單多了嗎？顯然我不具備會計師所需的完美主義。

PEANUTS
這隻凶猛的獅子正悄悄
穿過灌木叢……
他突然看見了獵物！
他飛躍而起！！
吼！
算了，我根本沒辦法狠心
殺死任何東西……
SCHULZ
5-3

我跟史努比都很幸運，可以接受現實中的自己，繼續向前邁進。史努比太溫柔，無法成爲一隻凶猛的獅子。同樣的，不管多麼渴望，一個沒辦法見血的人，就不應該成爲外科手術醫生。

有些人想像力有限，有些人卻創造力無窮。就像史努比曾想像自己是個有名的冒險賭徒……

© 1979 United Feature Syndicate, Inc.
5-31
二十一點專家史努比，
世界知名的大膽賭徒……
喔噢！
有人可以幫忙洗牌嗎？
SCHULZ

史努比的想像力豐富偶爾也讓查理感到無奈。

PEANUTS
一名憂愁的
法國外籍兵團
士兵正站在
自己的
崗位上。
我們的夥伴正駐守在鳥不生蛋
的辛德堡基地。
4-12

而我呢？我有個悲慘的過往，
因此我加入這個失去靈魂的人們
所加入的兵團，藉以遺忘過去！
真想知道
只養一隻
「單純是狗」的狗
是什麼樣子。
SCHULZ

享受幻想的快樂，只要小心不被帶走就好

舒茲呈現史努比身爲一個幻想者的精妙之處，在於他將史努比逃進的幻想世界，跟這隻狗狗最終對現實的接受，緊密交織在一起。有些人迷失在自己華而不實的夢裡，沒辦法根據現實做出相對應的調適，無法實現夢想生活的挫折奪走了他們平靜的心靈。

我爸喜歡
當理髮師。
© 1980 United Feature Syndicate, Inc.
他說過著希望自己能成為
另一種人的生活很悲慘。
我從來沒有想要成為狗
以外的任何東西。
SCHULZ
9-28

史努比舒服地躺在他的狗屋屋頂上。是的，他的確想成爲一位托爾斯泰，一位戰爭英雄，一位舉世聞名的律師，一位曲棍球教練，或是下一個唐璜，但最終，史努比知道自己是一隻狗，並且與現實和解：做一隻狗沒有不好。

因此，讓我們下個結論吧。**一個人必須調整自己適應現實，不然就會受負面人格特質所苦。但這並不代表我們永遠無法體驗想像的快樂，只要小心不被幻想帶走就好**。因爲最終，我們都必須像史努比一樣，回到現實世界。

就像我先前提過的，假期通常使人在現實中獲得短暫休息，而且是健康的休息。一趟釣魚或滑雪之旅，或是在一座牧場裡享受時光，都可以讓我們在現實壓力中獲得一點不錯的喘息時間。讓我們盡情享受假期，這樣在回歸日常後，就能更有效面對現實中的瑣事。事實上，現實也無需被我們變成一堆無聊的煩悶工作。只要願意細心找尋，就可以發現令人開心的事物，想當然耳，在假期成爲現實時，我們絕對也會享受其中。

PEANUTS
停下！現在立刻停止！世界上現在有這麼多糟糕的事，你沒有權利這麼開心！

露西錯了。我太太曾經因為女兒拒絕吃青菜而責備她：「想想那些在衣索比亞挨餓的孩子，他們的餐桌上根本沒有任何食物。」但女兒卻回道：「如果我吃掉這些青菜，那些在衣索比亞的孩子就會好過一些嗎？」

世界上確實有許多悲劇正在發生，但假使我拒絕放假或是享受假期，其他磨難就會消失嗎？當然不會。所以就像史努比做個明白人，在假期結束後乖乖回到現實世界裡。不過今天就在美好的度假時光之中，盡情大笑、大跳、享受一切吧！

C.3

史努比與糊塗塌客：
來自現實的提醒

史努比與糊塗塌客讓彼此的理智回籠

在心理治療領域裡，有一種相當有用的療法，叫做團體心理治療。有些心理問題，即使經過深入、長期的一對一諮商也難以解決。但當一群尋求自我認識的人在治療師的協助下共同合作，「幫助」彼此時，這些問題卻得以消融。

團體治療的一項優勢在於，雖然一個人會對自身問題和煩惱毫無覺知，卻可以敏銳地察覺到其他人身上有相同的特質。於是，我們很容易在群體中看到下列情況：吉米對自己的問題毫無所感，但他可以從巴布、貝蒂、秦、喬伊身上看到這些問題。同樣地，小組裡每個人都沒有意識到自己的情緒問題，卻能在擁有相同狀況的人身上看到這些異常。因此在接續的團體時間裡，不同的心理問題得以被揭露，被公開討論，亦或許最終能被正視與解決。即使吉米有自己的問題，他對於喬伊來說仍是個重要的觀察者，可以幫助喬伊重視並直面現實，反之亦然。所以在團體治療中，負面人格特質相似的成員們經常可以互相幫助。

在漫畫裡，我們則有糊塗塌客。牠是一隻小小的金翅雀，而且就跟史努比一樣容易陷入幻想。然而，糊塗塌客總會將史努比打回現實，因爲牠不但不「買帳」史努比的幻夢，還會戳破那些想像，讓史努比理智回籠。當史努比變成唐吉軻德，糊塗塌客就是他的忠實隨從「桑丘·潘薩」。同樣地，每當糊塗塌客迷失在幻想世界裡頭，史努比也會將牠帶回現實之中。

花生漫畫
「老朋友查理布朗」
舒茲著
媽媽
在這裡坐好並耐心等待，如果媽媽飛過，你就可以把花交給她。
我只希望你實際一點。
即使真的看見媽媽，我也不覺得你認得出她。
你難道覺得她會有一頭灰髮，還帶著一個蘋果派嗎？
說不定她從你的鼻尖飛過去，你都還認不出來呢！
媽媽！！
?
噢，不好意思！我以為你是我媽媽！真的很抱歉！
嘻嘻嘻嘻嘻
遠遠看起來，聖伯納犬跟米格魯有點像嘛！

史努比或許希望自己所屬的家族也跟聖伯納犬一樣龐大英勇，但他分辨得出癡人說夢跟實際夢想嗎？什麼是現實，什麼又是幻想？**喜歡做白日夢的人並非不切實際，尤其是那些可以分辨現實跟想像的人。但有時候這兩者之間的交界卻很模糊。**現實很可能與我們冀望的世界相互混淆。也就是說，我們可能因為內心期待某種發展，而認為某件事是真的。殘酷的是，現

實不一定會讓夢想成眞，願望很可能僅僅只是願望而已。對於經常不聞世事，或是總活在幻想世界的人來說，這種思考模式很危險。

有時候在一段關係裡，會有一方陷入幻想，另一方則負責錨定現實。要是第二個人也開始做起白日夢，就可能產生問題。舉個例子，有位丈夫一直以爲自己賺的錢比實際拿到的還要多，好在他有個清楚現況的妻子可以從旁制止。然而，要是妻子也開始相信老公的幻想，這對夫妻不久後將會因爲入不敷出，而發現自己深陷負債。

史努比試著說服糊塗塌客，找到媽媽的想望根本不切實際。但最後發生什麼事呢？史努比太過興奮，以爲看見了自己的媽媽。也就是說，史努比反過來掉入糊塗塌客的幻想裡了。

史努比扭曲現實的方式是有些極端沒錯。怎麼會有人把一隻聖伯納犬錯認成米格魯？但是，當一個人需要合理化某件事時，無論這件事距離現實多麼遙遠，他都會找到藉口。這就是爲什麼史努比在批評糊塗塌客不現實的同時，卻認爲自己的想像很合理。

讓史努比失望的是，糊塗塌客通常比他更能看清楚現實。糊塗塌客對史努比所說的話都抱持懷疑。

你知道這些是什麼嗎？
這些是事情付諸流水時
會經過的水管……
當你的愛情、遊戲、事業
「付諸流水」時，
就會真的經過這些管子！
© 1984 United Feature Syndicate,Inc.
7-30
糊塗塌客都不相信我說的話！
SCHULZ

在上一章中，我們看到史努比無法成功「當」一隻蛇或一隻獅子。在其他漫畫裡，他也曾經想變成一隻禿鷹。當然，當一個人身處毫無希望的位置，又必須依靠一個光頭小子才能生存下去時，不難理解爲何他的幻想總是跟化身成龐大且有力量的生物有關。幻想是有用的，但是要在合理的控制範圍內。如果沒有糊塗塌客攪局，史努比或許還有機會成功扮演一隻凶猛的老鷹。

你們看！
看到小鳥在天空追逐那隻大鳥嗎？你們應該也來試試看。
我會當那隻飛進來的大鳥，然後你們試著來攻擊我……
我來了！
拍打
拍打
拍打
拍打
拍打
8-12
© 1964 United Feature Syndicate, Inc
絆倒
啪！！
好吧，我想這樣也行……
讓我看看你們有沒有別招……
巨大凶猛的鳥來了，你們要怎麼把他趕走？
拍打
拍打
拍打
拍打
碰
任何接近這裡的大鳥一定都是瘋了！
SCHULZ

糊塗塌客知道並且善加利用了史努比的弱點。史努比的缺點就是沒有好好看清現實中的自己，他輕易相信自己是一場派對的貴賓。在這場派對裡他會在糊塗塌客那些毛絨絨的小小夥伴中，像個雄偉的巨人般突出。

當有人讓你的自尊開始膨脹時，千萬要小心，你可能將遭逢爛事。

真的嗎？
一個新年派對？
有很多人會去？
而且我們也被邀請了？
© 1984 United Feature Syndicate,Inc.
我拿一下
派對帽。
我愛新年趴。
尤其是有很多人，也有很
多妹子的趴踢……
糊塗塌客是對的，
從這裡看過去的確
有一大群人。

!
我一輩子都無法原諒他！

我們經常看到史努比想像自己是個令人神魂顛倒的愛人，即使他的信件裡表現出來的愛根本輕浮又反覆無常，即便根本沒有任何重要他人出現在他生命裡頭。

親愛的：
我每一天都更加想念你，我對你的愛無法用言語訴說。
寫得真不錯，但這是要寫給誰的？
我可以之後再填名字……
© 1985 United Feature Syndicate, Inc.

史努比一定是認爲他的情書會對心儀的人施予魔法，當史努比深陷幻想時，糊塗塌客卻看破了這些信件。

PEANUTS
嘻嘻嘻嘻
碰！
可惡，早知道我就不應該試著寫情書……
5-13

這些不切實際的人的家人，常常會不知道應該順著同意他，還是該挑戰他的錯誤信念。畢竟，這些家人可能會想，這又不是所謂的精神官能症症狀。這個整天作夢的人也只不過因爲不解決生活各項事務，傷害到自己罷了。要是遭遇反對，他很可能會反應激動，於是旁人會覺得倒不如順著他，反正也不

會造成任何傷害。但這樣做是錯誤的，不管接受現實有多麼困難，每個人都必須活在現實裡。除非有能力改變，不然就必須適應現實。**認同一個人的想像，只是在助長這些幻想，並且會讓這個人更難拋棄它們，回到現實世界**。

我在這裡！
我在洗給狗喝水的碗……
5-14
© 1983 United Feature Syndicate, Inc.
別哭，我的小小朋友，
我相信你，
我相信碗的底部
真的有一艘沉船。
就是個善意的謊言！
SCHULZ

史努比選了一條好走的路：附和糊塗場客的幻想。但簡單

的方法往往不是最佳方法，就算得承擔引起他人不悅的風險，依舊應該選擇事實。

不過史努比並不是一直都順著糊塗塌客。即便有時為了避免完全得罪他毛絨絨的小小朋友，必須作出退讓，他還是勇敢面對這些想像。

5-29
© 1982 United Feature Syndicate, Inc.
我可以相信它看著你，
但我無法相信它咆哮了……

別讓任何一種想像取代現實

有時候我們並沒有意識到，自以為依循著嚴峻現實所做出的行為，其實是根據想像而生的。這很危險，因為一旦任何一種想像取代現實，生活品質絕對會大受影響。

臨床上，我們可以在年幼時就擔下大人角色的小孩身上看到這種情況。這些例子通常出現在失能的家庭中：不管出自什麼原因，父母有任何一方或雙方都無視自己的職責，導致孩子必須早早扮演父親或母親。

有時候，孩提時代就扮演父母角色這種狀況可以獲得正面的轉化，長大後可能成為一位醫生、護理師、老師，或是社會工作者，延續從童年就承擔起的角色。但即便如此，也很可能產生負面結果，尤其當照顧者內心覺得自己的存在只是為了照顧他人，因而完全忽視自己時。

我曾經遇過一位女性患者，她的憂鬱症嚴重到所有治療都沒有效果。從她的過往裡，可以知道媽媽在她小時候就失去母親的功能，使她從小就承擔了許多母親的責任跟家務事。多年後，她的妹妹甚至直接稱她為「我們真正的媽媽。」

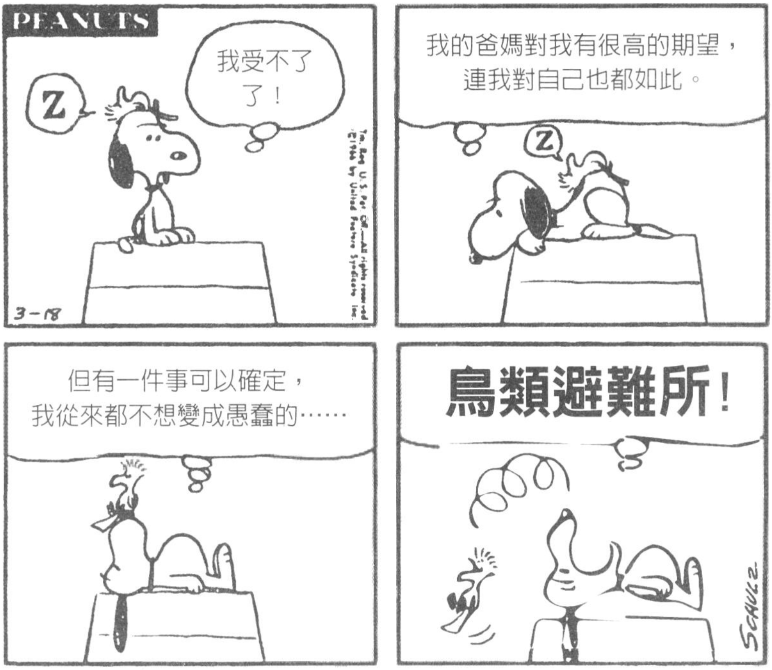
PEANUTS
Z
我受不了了！
3-18
我的爸媽對我有很高的期望，
連我對自己也都如此。
Z
但有一件事可以確定，
我從來都不想變成愚蠢的……
鳥類避難所！
SCHULZ

在她的小孩都長大離家時，她還有老公可以照顧。但當他也過世後，已經沒有任何人需要她的照顧了。此時的她終於可以過著舒適自在的生活，甚至環遊世界，但她還是退回殼中，就連密集的精神治療也沒辦法減緩她的憂鬱。原因是什麼呢？她人生的存在意義已經完全消失，她只將自己視爲一位照顧者，於是當再也沒有人需要照顧時，便失去所有生存意志。這位患者將自己是每個人「眞正的媽媽」這件事帶進幻想裡，沒有爲自己打造另一種生活。因此這個功能不復存在時，生存的

理由也隨之而去。

我們應該更謹愼看待自己的所有日常，不願意了解眞正的自己也是一種負面特質。更重要的是，我們應該鼓勵孩子發展健康的人格。教導孩子幫助需要的人很重要，但也必須小心不會因此失去自我。

這章開頭，我們曾談到團體治療。團體治療的另一個價值在於，許多人因爲對自己性格上的強項毫無覺知，對於缺點也是如此，因而飽受自尊心異常低落所苦。他們可能會在生活裡創造出一個小圈圈，並且根據這個圈圈裡扭曲的自我評價，將自己下放到遠低於能展現眞正潛能的位置。

這將造成的悲劇是，僅僅因爲不明白自己潛力何在，就可能一輩子待在相同的位置，扮演著一樣的角色。往好一點的方向看，就是世界失去了某個人原本可以做出的貢獻。但若是狀況很糟，很可能演變成對自己的不滿，並伴隨其他併發症，像是酗酒、藥物成癮、不快樂的婚姻、由心理因素影響而產生的各種身體不適等。因此，貶低自己的這種想像，破壞力就跟不切實際的誇大想像一樣強大。

不過奇怪的是，酗酒導致的這類危機，卻可能促使人們找尋被隱藏起來的自己，而成爲禍中之福。需要生存危機來將一個人從了無生氣的狀態中喚起實在不幸。要是能不經歷這般危機就獲得了悟，該有多好。

PEANUTS
你怎麼這麼懶散！就算危機發生，你的肌肉也不會有任何反應！
她說得對，這代表我必須在運動跟祈禱危機永遠不會發生之間做選擇……
Tm. Reg. U. S. Pat Off.—All rights reserved
Copr. 1964 by United Feature Syndicate, Inc.
我希望危機永遠不會發生。
8-12
SCHULZ

每個人都是顆未經切割琢磨的原鑽

就像史努比一樣，我們永遠都有機會做些什麼來改變自己，不管是透過鍛鍊肌肉來改善身體情況，還是透過消除性格上的缺陷及增強我們靈性來改變心理和心靈層面。但也如同史努比，大多數人都喜歡選擇阻力最小的那條路徑。但我們無法像史努比躺在狗屋屋頂上那般自在，反而會因爲逃避而產生罪惡感，打破原有的平靜。

就像史努比一樣，許多人都希望危機永遠不會發生。即便可以理解，但這並不是最佳路徑，因為沒有危機就不可能改變現狀。除非有人使我們意識到自己正處在乏味跟一成不變中，並激勵我們逃離，懶散的個性註定將我們帶回刻板乏味的生活裡。

這就是一段眞正的友情或愛情拯救我們的時候了，有個像是靈性指導者般的朋友或另一半扮演的導師角色，促使我們起身面對自己的缺陷，幫助我們注意到尚未挖掘出的潛力，以及那個深藏在體內某處，等待著被發現的，眞正的我們。

找我嗎？
我在這裡面的
某個地方。

是的，史努比在那裡的某個深處，而糊塗塌客可以幫助他找到真正的自己，可以幫他推自己一把，但是史努比闔上了他的眼睛，再次陷入沉睡，而不是起身尋找那個被禁足被隱藏的自己，那個沒有缺陷的人。哎，就像是史努比一樣，我們也常常放棄尋找眞正的自我，甘願待在舒適圈中。

有句話是這樣的：「以辣根維生的蟲子以爲世上沒有更香甜的地方存在。」辣根的根非常苦，爲什麼明明世界上有許多味道更香甜的蔬菜，這隻蟲子還要選擇吃這麼苦的蔬菜呢？這句諺語的智慧之處在於，因爲那隻蟲子沒有吃過其他更甜的東西，勢必認爲辣根就是世上最棒的地方。

我們也經常如此，**慣於扮演某個特定角色，適應了生活裡**

的某個位置，於是相信這就是全部了。我們或許就像顆未經切割琢磨的原鑽，有趣美好都藏在內裡，一直到最外層被移除才能顯露出來。試著去發掘自己吧，最終你將收獲令人愉快的驚喜。

露西與莎莉：
總有人要當老大

獨裁者與天生領導者的差別

世界上有各種把人分類的方式，而且不僅只於一種，一個人可以同時存在於多個類別之中。其中一種分類的方式，就是區隔出「消極」與「積極」兩種類型：有些人比較喜歡控制他人，有些人則願意被控制；有些人是天生的領導者，有些人則是追隨者。

某些人透過強大的武力來獲得權力，讓自己成為領導者，獨裁者就是如此。另一方面，天生的領導者通常不太願意掌權，而是知道自己有這項特質，但希望是受到推舉而接下職務。這兩類人都展現出領導者的性格特質，但第一種人的特質卻是負面的。他們大多知道自己必須強迫別人服從，而對此感到不安。正因為感到不安，所以不斷透過掌控來鞏固地位。第二種人則可以平靜管理一切，因為他們很清楚自己被信任著。

控制也有不同的模式。露西是奈勒斯的姊姊，常用年紀大的優勢來行使絕對權威；莎莉雖然是妹妹，卻可以控制哥哥查理布朗，而這主要是因為查理布朗願意被主導。讓我們來看看這些不同之處。

轉臺！
我說「轉臺」！
我要看我想看的節目！！
妳在跟我開玩笑嗎？妳怎麼會覺得
可以走到這裡就控制一切？
這五根手指頭，分開來看它們什麼都
不是。但只要我把它們像這樣彎起來，
就會成為讓你怕到不敢直視的武器！
你想看哪一臺？
哎
為什麼你們就做不到？
SCHULZ

露西單純使用力氣來施加權力，於是奈勒斯想要訴諸公理跟維護自己權利的說法根本起不了作用。

小孩的世界經常反映著大人的世界。雖然舒茲的漫畫中根本沒有任何大人出現，卻意外談論了很多跟大人有關的心理學。

國家也有性格特質。任何研究國際關係與政治的人都可以從國家之間簽署的那些「協議」中，輕易看出這件事。這些協議聲稱經過理性協調，卻讓強權國家得以威嚇相對弱勢的國家，好獲得自己想要的東西。

強大的國家跟相對弱小的國家簽署協議。在協議裡，這些國家可能會聲明一切只是爲了讓管理更有效，讓每個人都可以獲益，他們沒有想要控制任何人。可是歷史一再證明不是如此。露西提出了一項類似的協議，但我們太過了解露西了，所以不會上當。

8-22
這裡，簽一下這個！
這是什麼？
我們家早就該要有這種協議了。

我瘋了嗎？
我絕對不會簽的！
為什麼不簽？
我只是要求最終決定權
而已呀！
© 1986 United Feature Syndicate, Inc.
SCHULZ

兩個國家或民族間的協議在紙上看來或許公平公正，但當內容實際執行時，故事就會變得完全不同。類似的情況不僅發生在國家，也會發生在手足、產業、商業貿易之間。

庭院這邊所有的雪都是我的，
那邊的給你。
1-25
© 1986 United Feature Syndicate, Inc.

如果我們發現自己想要控制弱者，就必須正視這項特質。爲了維護權力，一個相對較大的國家或公司可能會漠視要求公平跟平等的聲音，並透過毫不修飾的威脅來達成控制目的。很不幸地，有控制欲的人也會如此。

就算是友好的微笑，
也敵不過我的**宣戰皺眉**！

弱勢的一方試圖展現力量的情況並不少見，想想那些一直在找機會逃離強權的國家。

花生漫畫
「老朋友查理布朗」
舒茲著
砰！
是我做的！是我做的！我自首！是我做的！
噢！我真的抱歉。我不知道為什麼自己會那樣！真的很抱歉！
© 1979 United Feature Syndicate, Inc.
暫停一下！你不能只靠道歉逃過一劫！
好了，是誰丟了那顆雪球？不管你躲在哪裡，快點給我出來！
你剛剛說到……
嗯……是……是我做的，應該是……
啪！！
一切都該有先後順序。

歷史上有許多國王都曾用君權神授說來統治國家。雖然他們不會大張旗鼓表明自己受到神的指示來統治世界，但他們很可能都相信「天命的感召」，也就是自己有權利義務去統治他人，同樣的原則也適用於「一般人」。

妳是我姊姊沒錯。
但那不會讓妳變成我的老闆！
妳又不是生來命令我的！
我不是嗎？
© 1988 United Feature Syndicate, Inc.
SCHULZ
7-31

企業執行長跟企業高層的態度就跟年紀較大的手足或獨裁

政府沒兩樣。他們有時會因爲覺得自己的名譽被冒犯而勃然大怒。我曾經親眼見到一個研究所學生請教大學系主任問題，那個男人甚至不讓學生把話說完，就直接打斷並指責：「你難道不知道規矩嗎？」言下之意就是這名學生應該按照程序，不能直接靠近握有權力的人。他看起來像個惡霸，根本稱不上師長，這對他的聲望來說絕對不是個好特質。

花生漫畫
「老朋友查理布朗」
舒茲著
做弟弟的應該要知道自己的位置在哪。
做弟弟的應該要照著姊姊的話做，而且應該要能快速完成。
你現在去廚房幫我端一杯熱巧克力跟兩個烤好的英式瑪芬！
4-29
© 1979 United Feature Syndicate, Inc.
妳看，我拿的都是妳要的，而且還很快！
你沒有敬禮！

我覺得那位系主任是個混蛋，他維護自己地位的行爲並不會讓人更尊敬他。身處高位時，如果你沒有像露西一樣要求別

人對你敬禮，人們將更加尊敬你。只有那些不幸擁有性格「弱點」的權力人士需要捍衛頭銜。

有些政府堅持他們沒有箝制言論自由，宣稱一般媒體跟網路媒體都可以想說什麼就說什麼。也就是說，媒體只是剛好支持這個手握大權的政黨。大企業的董事會主席可能會否認自己找來一堆「沒問題先生」，大家都只是因爲看到這個想法的智慧之處，所以碰巧同意主席的想法罷了。

還是關掉好了，沒有人在看電視。
CLICK
沒有人在看電視？！
妳說什麼？沒有人？我是人！

回來把電視打開！
這裡有人，那就是我！！
我叫妳回來！聽到了沒？
我是個貨真價實的人！！
我要求妳現在回來！
把電視打開！
反正那只是個
爛節目。

有些國家過度卑躬屈膝，謙虛到失去了身分。我們也常會在家暴發生的婚姻關係中看到這件事，不管這種暴力是施加在身體還是情緒上。此外，當家長對小孩不斷辱罵或惡言相向時，孩子也會因爲害怕惹到父母，永遠無法發展出自我身分認同。

PEANUTS
別跟我說話……
我今天不想跟
任何人說話！
哈！如果我想要
說話我就可以
說話吧！哈！
說話是一種權利，而且我有權利
在想說話的時候說話！這是一個
自由的國家！隨便說說都可以！
如果我想說話，我就會說話！我
有一樣的……

我說：「不要跟我說話！」
6-11
所以現在是誰在說話？
SCHULZ

小國家最終也有可能成長到足以挑戰超級大國。這同樣也發生在人們身上，強者則會試著壓制弱者的成長。

這個模式其實很古老，甚至可以一路追溯回聖經時期。當埃及法老提到希伯來人時，說道：「來吧，我們不如用巧計待他們，恐怕他們多起來，日後若遇什麼爭戰的事，就聯合我們的仇敵攻擊我們，離開這地去了。」於是他們派了嚴苛的人監督希伯來人，用苦役重擔壓制他們。（出埃及記 1:10-11）

握有權力的那方爲了壓制人民，試著剝奪他們的糧食與思想自由，離間或分隔他們，甚或訴諸暴力。**無論用什麼方法，無論這些方法經過什麼樣的美化或合理化，最終目的都一樣**。

花生漫畫
「老朋友查理布朗」
舒茲著
好了！不要弄我！
不要再這樣了。
我說不要弄我！！
我知道妳想幹嘛！
她想要當我們家裡最高的人……
她每次只要經過我身邊，都會把我的頭往下壓，阻止我長高！

露西與莎莉，兩種不同型態的操控者

就跟人一樣，國家也可以用武力與壓迫以外的方式讓人害怕：它們可以讓比較小的國家覺得自己還很不足、無能，無法獨自生存，因此需要超級大國庇護。這些國家可能會相信自己必須依賴強權，於是演變成家長式的關係，繼續確保兩者間的不對等。

讓我們回到我們的兩個女孩。相對於比奈勒斯大，可以用力氣控制弟弟的露西，莎莉比查理布朗小，但她同樣可以控制他，只要利用他覺得自己不夠好這件事就能鞏固自己。莎莉知道查理布朗的弱點，也知道如何激怒他。她可以讓查理布朗感到灰心洩氣，然後站在有利的位置上，操控查理布朗幫她寫作業。

作爲妹妹，莎莉沒辦法跟露西一樣用武力解決一切。相反的，她擁有完整的技巧可以讓哥哥照著她的話做。如果我們仔細看，很可能也會在這對兄妹的關係中看見一小部分自己。

花生漫畫
「老朋友查理布朗」
舒茲著
我做不到！
嘿，哥哥，你可不可以幫我一起做作業？
妳是指幫妳寫作業吧？
列夫．托爾斯泰寫《戰爭與和平》的時候，他老婆索尼婭幫他把這本書抄了七遍耶！
而且她還是就著燭光抄的！用的還是沾水筆！
有時候，她必須用放大鏡才能看出他寫了什麼……
而且她必須在小孩都被哄睡、僕人回到閣樓裡後，在房子的一片寂靜中才能開始做這件事。
好啦，我會幫妳一起寫作業。
成功盧到你了，對吧？

這看起來可能很矛盾：莎莉向查理布朗求救的原因在於查理布朗其實比莎莉聰明，但她卻讓他看起來好像很無知。這似乎不合邏輯，但這種衝突信念在人類的關係中很常見，任何政治觀察家也都可以證實這點。

相較於對每個人都沒好話的露西，莎莉擅長用討好的方式讓別人為她做事。不難想像有人想要利用別人，因此不斷稱讚他們，甚至用溢美之詞使對方完全沉浸其中。有句常常聽到的格言：「奉承是沒用的。」這句話根本錯了，尤其是渴望覺得自己有價值的人更容易受讚美的影響，無論這些語句是否真誠。

妳把兩個數字相加，
答案就出來了，看到了嗎？
大哥，你做到了！
完美解釋了這題！
你拯救了我！

用力量或巧計來控制別人是個性裡的一面，但並不是好的一面。另一種很好的控制手段就是罪惡感。內疚是一種痛苦的感覺，所以我們會爲了遠離內疚帶來的痛苦，放棄許多快樂。有些父母試圖用內疚感來控制小孩：「如果你做了這件事，我會心臟病發作。」或是「你這是在折磨我。」引起別人的內疚與罪惡感是很傷人的。**因為這種感覺太過痛苦而有效，使得它常常被用來控制他人，而莎莉就是其中的佼佼者**。

我想你應該不介意關掉電視，
幫我寫功課吧……
有沒有什麼方法
可以讓你覺得內疚，
以至於不得不幫我的忙呢？
© 1983 United Feature Syndicate, Inc.
3-31
你太容易
被說服了！
SCHULZ

有些人特別容易被操控是有原因的。在《我沒有要求成爲這個家的一分子》（1996）裡，查理布朗在棒球比賽裡連續輸球，又總是成爲朋友譏笑的對象，覺得自己被反覆失敗壓垮，在莎莉出生時，他獲得了短暫喘息。成爲一位哥哥，讓查理布朗覺得自己站在先前從未體驗過的位置上。此外，父母還賦予他照顧莎莉的責任。莎莉讓查理布朗感到好過，因此他對莎莉

發展出了一種感激之情，以及承擔責任的感受。這讓他很容易被莎莉的詭計影響。莎莉不需要怎麼努力，就可以輕鬆說服查理布朗。

只要你幫我做作業，
我就許你數不盡的財富……
所以是多少？
如果我能告訴你，
那就不是數不盡的了。
你居然會相信……
5-9
©1988 United Feature Syndicate,Inc.
SCHULZ

莎莉利用查理布朗的弱點，但這最終會反過來害了她自己。這正是當我們使用負面人格特質時會發生的事情。如果我們可以認識到莎莉是個操縱者，或是查理布朗是個被操縱的人，或許就能採取修正行為，因為這兩種特質對我們都沒有益處。

在《生命太過短暫》（1995）中，我提到很多行為其實都代表我們正試圖處理某些因為自尊心低落所引起的感受。舒茲在描繪這種類型的行為上是個大師，不僅僅是我們看到的這兩個女孩，查理布朗也是。查理布朗從來不曾起身對抗覺得自己不好的這個想法，他只是向這些感受投降。而露西則是用誇大、傲慢，還有自以為是的態度來回應這些感受。

像莎莉這類型的人有個特色。他們可能沒做什麼事，卻刻意強調自己能做到什麼。試圖透過數量彌補品質上的缺失，最後卻早早放棄。

我決定去參加一個
紀律嚴苛的營隊……
我會吃得健康、
睡得充足、還有適度運動！

8-18
然後呢？
你說的對……
忘了我剛剛說的吧！
SCHULZ
© 1986 United Feature Syndicate, Inc.

我曾經聽過一個故事：有一次，有個牧師把他的布道講稿忘在講臺上。其中一個前去聽講的人於是偷看到他遺留的稿子空白處有許多註記，上頭寫著不同段落應該要用哪種節奏或是語氣來詮釋。在其中一處，有段筆記這麼寫著：「論證太過薄弱，要使勁力氣大聲喊。」

© 1986 United Feature Syndicate, Inc.
這些是句號……
7-4

當我寫完一個句子，
句號就會出現！
結束！完成！
結束!!

或許莎莉沒辦法寫出一篇文章，但她確保文章裡的句點又多又果斷，這就是她爲了彌補自己無法在紙上寫出好內容後，發展出的結果。

有控制欲的人，常常在該說實話時變得拐彎抹角。**一個人但凡決定要便宜行事，往往會先犧牲道德考量，而且這個人永遠可以為自己的所作所為辯解。這就是負面特質如何讓我們也接著展現其他負面人格的過程。**

PEANUTS
看，我沒有依靠你就自己解決了問題，你這個軟弱的笨哥哥！
當老師問我有沒有拿走那隻蠟筆的時候，我只說了「沒有」。
你說謊了？！

我當然說謊了！不然勒？
那是錯的！說謊是不對的！說謊永遠不可取！
別跟我講你那套中產階級的道德觀！
SCHULZ
2-20

然而，這件事對於跟電線一樣直的查理布朗來說，實在太超過了，於是溫和的查理布朗變得強硬起來。即使得鼓起所有勇氣，他也無法看著妹妹墮落。

PEANUTS
你是不是跟每個人說我說謊的事？
你難道不知道心理學家說小孩有時不知道他們在說謊嗎？像我這樣天真的小孩，就算說了謊，那也不是謊言！你覺得呢？
喬治華盛頓!!
2-22
你是對的！嗚嗚嗚哇！我不會再說謊了！
我討厭這樣做。但有些問題只能採取極端手段處理……
SCHULZ

查理布朗教了我們，在壞事面前保持沉默就是縱容。此外，他展現出勇敢面對自己的人格特質，將會幫助你成爲更好的人。舒茲，謝謝你！

剛愎自用、控制欲、誇大事實，這三者的本質其實很類似。覺得自己「無所不知」是個負面的性格特質。你會發現堅持自己是對的那群人，比較無法忍受別人發表意見，即使這些想法根本不會影響到他們。舒茲明顯知道這一點。因此，當我們看到莎莉如何面對不同意她的人時，並不會感到訝異。

我有能力成為一個很棒的傳道士。
你認識學校裡坐在我後面的那個小孩嗎？
United Feature Syndicate, Inc.
12-8
我成功說服他相信，我的信仰比他的好。
妳是怎麼辦到的？
我用便當盒打他！

心胸狹隘讓人無法選擇原諒。如果有人像莎莉一樣毫無理由討厭你，別期待他們會接受道歉。他們會固執地抓著怒氣不放，而這怒氣則指向任何使他們不開心的人。

© 1981 United Feature Syndicate, Inc.
12-9
只要他們被我從
聖誕節名單上劃掉，
就別想再回到名單裡！
SCHULZ

他們也很可能裝腔作勢，或是表現虛偽。

親愛的外婆，
謝謝您送的文具，
原子筆，跟整套鉛筆。
12-26
我從現在開始可以寫
很多封信了。
我恨寫信！
再次感謝您。
新年快樂。
莎莉　敬上
© 1981 United Feature Syndicate, Inc.
SCHULZ

性格特質往往從小顯露，並且不容易改變

我們先前說過，精神官能症只會影響一部分人格，性格特質更像是人格中不可分割的一部分。因此，精神官能症可能在人生中的任何時期出現，性格特質卻往往在小時候就顯露出

來，並且不會在接下來的人生中有太大改變。因此有了下面這句俗諺：「七歲看老。」這也是為何我們必須如此努力改變那些「不好的」特質。

舒茲告訴我們莎莉童年的個性如何。就算還是個小孩，她總是在找方法躲開任何麻煩的事物，並要求查理布朗幫助她逃離。舉個例子來說，像莎莉這樣的人會跟醫生要證明，好逃避上健身房運動，或任何他們不想做的事。他們長大後的表現跟小時候沒兩樣。

PEANUTS
莎莉，妳想想，妳之後也還是得去上學，倒不如試著習慣！
8-24
我想你是對的，我應該要想辦法善用這個情況……
我會去上幼兒園，然後我會念書，也會玩所有的遊戲。我還會試著跟所有人好好相處……
但我不要學拉丁文！
SCHULZ

出自相同的理由，這類人也無法容忍那些跟他們的個性有些許相似的人：一個慣性逃稅的人可能會嚴正批評另一個逃避責任的人，甚至會強力要求這個逃避責任的人被嚴厲處置。

PEANUTS
有些小孩連自己在想什麼都搞不清楚！
如果有小孩不願意去幼兒園，他的父母不應該放任，直接把他送去就對了！叫他去！
9-7
小孩會對幼兒園感到害怕這件事真荒謬！我覺得現在大家對小孩都太過溺愛了……
別跟他們浪費時間，這就是我的箴言！**把他們送過去！**
唉
SCHULZ

操縱他人常常會適得其反。雖然短時間內成效顯著，但通常會造成當事人沒有善盡責任，長期下來導致負面結局。

舉例來說，莎莉試著說服查理布朗幫她寫作業，只要可以逃離這件無聊事，查理布朗寫什麼都行。

我明天上學要交一篇一千字的作文。
你可不可以在我看電視的時候幫我寫？
© 1964 United Feature Syndicate, Inc.
我可以給你一千個我不會做這件事的理由……
讚耶……那你把它們寫下來，我就交這個當作業！
SCHULZ
10/18

抄別人的作業或爲了得到好成績而作弊，都是不明智的行爲。這些「好成績」沒辦法讓他們的知識有一丁點增長。未來當他們需要這些沒有學好的資訊時，白紙上那個虛假的 A 不會對他們的無知有任何幫助。同樣地，莎莉完全搞錯重點了：去學校跟寫作業的目的是爲了學習。

如果我幫妳寫作業，
妳要怎麼學會任何事？
妳想要學習，對吧？
這就是去學校的目的呀，
不是嗎？
11-3
是嗎？
© 1984 United Feature Syndicate, Inc.

莎莉有可能不知道去學校是爲了學習嗎？

這個回覆，代表著強大的心理防衛機制「否認作用」出現了。莎莉逃避寫功課眞正的原因是因爲她懶惰，就只是懶惰而已，但她藉機合理自己的行爲，認爲學校不重要。

花生漫畫
「老朋友查理布朗」
舒茲著
可惡！
怎麼了？
我明天上學前必須
要讀完這本書。
我想你應該不介意念給我聽？
12-11
妳明明會認字，
為什麼不自己讀？
看字很累，
我討厭任何需要花力氣的事。
© 1983 United Feature Syndicate, Inc.
妳知道嗎？聽別人念書
也需要花力氣。
但我沒有要聽啊！
SCHULZ

由於莎莉對查理布朗的主導沒辦法像露西之於奈勒斯那般絕對，所以莎莉必須採取各種技巧。我們已經看過許多她使用讚美跟內疚來控制查理的例子。另外一種常見且在很多關係中都會無意間展現的特質，就是賄賂。雖然賄賂在運動賽事、法律、政府裡是犯法的，但它在人與人的關係中卻很常見。

我一直在思考
學校的事。
7-1
© 1965 United Feature Syndicate, Inc.
我決定今年要超認真讀書，
然後變得有錢又有名。
如果你每天晚上都幫我寫作業，
我會跟你平分……
不包含錢……
只有名聲而已！
SCHULZ

就像我們先前提過的，有些人比較敢說話，也比其他人更有野心。因此我們無法說強勢或具主導地位的人就是人格異常。畢竟有些人是天生的領導者，其他人則是追隨者。但哪個臨界點將使特質不再正常，而變成一種病症呢？

如果領導者與被領導者之間的關係很健康，雙方多半會對自己扮演的角色感到滿意。但要是跟隨的人覺得自己被領導者壓迫，很可能代表主導者的特質已經不再健康。在獨裁體制中，即使人民可能會聚在一起讚頌專制的領導者，甚至爲他大聲歡呼，心裡卻很可能憎恨著他。獨裁者的壓迫可能會剝奪人民的快樂，但他們卻得假裝快樂。出於恐懼讓他們必須歌頌對上位者的讚美，但他們眞正的想法顯然不是如此。

專制政府永遠在宣揚國家裡的人民有多麼幸福快樂。在這些國家舉辦的選舉中通常聽不見任何異議，導致執政黨獲得百分之百的支持。生活在獨裁專制之下的人們沒有任何選擇，只能聲明他們對一切都很滿意。

花生漫畫
「老朋友查理布朗」
舒茲著
我在電視上看到有人說世界一天比一天糟。
那太扯了！
有我在的世界怎麼可能會變得更糟？我出生的那刻起，世界就有明顯的進步！
我讓世界變得更好！我是正面的力量！
給我笑！
看到沒？有我在，大家都比以前開心多了！

一個好的、眞正的領導者，會爲底下的追隨者著想。他們提供指引，並適時給予合理的建議。要使一個國家有紀律，就跟約束兒童一樣，可能還是需要設下限制。但就像是充滿愛的家長一樣，仁慈的領導者不會享受這個過程，所以只會在眞的必要時發布限制法令。另一方面，渴望權力的領導者，則會把他的權力擴及到任何地方，還可能會想方設法地壓迫人民。

妳為什麼總是在批評我？
我並不想批評你……
1-17
我只是想吼你！！
好吧，我不該問的。
SCHULZ
© 1981 United Feature Syndicate, Inc.

操控在任何關係中都可能存在

最後一點，毫不掩飾的嗜虐是病態強勢者的常見特徵。獨裁領導者不只會讓人民遭受不必要的痛苦，甚至樂在其中。歷史上從不缺乏這種暴虐君王。

把範圍縮小一些，這個特徵也適用於上司與下屬、家長與小孩、丈夫與妻子、老師與學生、僱用者與受僱者，以及有任何一方權力大於另一方的關係。這些關係都有潛在的傷害性，而嗜虐型的控制明顯就只是一種病態特質而已。

露西和莎莉這兩個女孩之間的差異，也顯露在她們的愛情裡。雖然兩個女孩在追求男生的過程中都相當主動，但露西的霸道態度肯定會弄巧成拙，無法跟莎莉更加自信、積極的追求方式相提並論。就這樣，**露西和莎莉在家裡展現出的態度，也反映在她們與家庭成員以外的人相處時的態度上**。

莎莉暗戀著奈勒斯，她稱他爲「親愛的巴布」。雖然奈勒斯沒有回應他也喜歡她，但她僅僅只是提起這件事，並不會太過專橫。

妳有看到我「親愛的巴布」站在那裡嗎？
他在糖果店前晃來晃去，試著決定情人節時要送我什麼……
2-11
他大概會送我愛心形狀盒子裝著的糖果。
© 1983 United Feature Syndicate, Inc.
或是一個大大的零！
他是不是超可愛的？

這跟露西對待謝勒德時，那種使人驚恐不安、根本難以勾起任何愛意的方式大不相同。露西堅持她自己充滿吸引力，因此謝勒德絕對會瘋狂愛上她，即便謝勒德絕對沒有這樣想過。

露西深知謝勒德對貝多芬的崇拜，她以爲自己的魅力可以贏過強大的競爭對手，但謝勒德只會因爲自己的偶像被輕視而感到憤怒。

花生漫畫
他好可愛，而我是如此悲慘，他甚至沒注意到我的存在。
唉
嘿！！
你為什麼不能暫時忘記那架愚蠢的鋼琴，多注意我一點？
謝勒德，一架又老又笨的鋼琴怎麼比得過一張漂亮的臉？蛤？有可能嗎？
拜託，暫時忘了貝多芬吧……
來我家一起喝熱巧克力配棉花糖怎麼樣？
不要！
碰！
我大概永遠嫁不出去了！

露西沒有因此氣餒，依舊持續不斷施加壓力給謝勒德，或者說一再提高籌碼。她變得更加積極，但這只會造成他更明確

的拒絕，於是露西的防衛機制出現了。當一個人面對無法接受的情況時，否認能讓他們好過一點。謝勒德的果斷沒有對露西造成重大影響，因為她直接將對方毫不含糊的拒絕拋到腦後。

PEANUTS
你知道你送我一支奧地利玫瑰時，會說什麼嗎？
你會說「汝乃可愛之人」。如果你給了我一朵來自法國的玫瑰，你會說「在月光下見我吧」。
白玫瑰會表達出你對我的「著迷」。
那完全不送怎麼樣？
沒有這回事！

在莎莉跟露西身上，我們看見兩種不同的征服形式。很快的，我們也將看到是什麼原因造成了這種特質。

C.5

露西：如果可以完美有多美好！

自我膨脹是爲了抵禦自卑的防衛系統

讓我們盡情享受露西帶給我們的微笑，因爲只有在漫畫中我們才得以如此。眞實生活中的露西們根本一點也不有趣，甚至惹人厭，我們則傾向與這些人保持距離。露西的許多霸道行爲可能都出於她低落的自尊心。

露西既傲慢又固執己見、自以爲是，還有許多特質都是那些把自己視爲宇宙中心的人會令人聯想到的。但我們可能沒意識到的是，這種自視甚高其實正是一種用來對抗自卑跟低落價值感的防衛機制。

露西？自卑跟自我價值低落的感受？這是在開玩笑吧？

不，**露西的特質就是極端的防衛，露西跟查理布朗分別是鏡子的兩面**。查理布朗覺得自己一無是處，露西則透過強化自己就是一切的信念來對抗類似感受。這個理論可以從一則漫畫中獲得證明。露西有天問謝勒德：「你覺得我漂亮嗎？」謝勒德第一次對她說：「我覺得妳是有史以來最漂亮的女生。」露西卻回答：「你是不是很恨我？」許多價值低落的人受到肯定時，下意識反應都是不以爲然。

PEANUTS
砰！
砰！
是我先
打到妳的！
你沒有！
是我先的！
或許妳是對的，
一開始的確是妳先打到的。
你是故意耍我嗎?!
8-4
SCHULZ

露西的自我膨脹可以說是一種抵禦自卑感的防衛行爲。當謝勒德告訴她，她很漂亮時，她不再需要這層防衛，於是內心眞正的感受隨之浮現。

但這種眞實時刻非常少見。露西的傲慢使他人遠離，這更加深了她失去自我價值的感受，於是得用更多自我膨脹來回應，就這樣走進無止盡的循環之中。露西的自大不是假裝的。她眞心相信自己很完美，只是這份信念根源於連她自己都沒有意識到的自我貶低。如果擁有這種特質，同樣的事也會發生在我們身上，即便我們可能從未意識到。

接受勝敗乃兵家常事的人，通常都能有風度的接受中肯批評。的確，這樣能幫助我們改善自己，減少未來可能犯錯的可能性。但**如果我們堅持自己是對的，把過錯投射到其他人或其他事情上，就很可能繼續犯錯，招致更多批評。於是陷入惡性循環之中**。

三振出局！
你說得對，總教練……我讓標誌朝上，就沒有打斷球棒了！
胃好痛……
SCHULZ

從露西誇大的表現中流露出的防衛心態其實相當明顯。打到球時她會投射出這種情緒，打不到球的時候也是。就像失敗促使她將情緒投射出去一樣，她的自大也是內心否定自己的外在投射。

不僅如此，露西還會進一步怪罪他人來為自己開脫。長期酗酒的人也會出現這種典型行爲，堅持自己的錯誤其實是他人無法理解的驚人成功。但這不單單限於酗酒的人而已，只要看看四周，就會發現有多少人在做出蠢事後，還堅稱他們絕對正確！露西甚至大言不慚宣稱她的失敗是成功！

PEANUTS
妳又丟錯壘了！！
一二壘都有人，
怎麼會往一壘丟！

在這種情況下，
妳永遠要丟三壘或本壘！
8-1
Tm. Reg. U. S. Pat. Off.—All rights reserved
© 1972 by United Feature Syndicate, Inc.
你這是在破壞
我的創意！！
SCHULZ

在把球丟到錯的壘包後，還要聲稱她做的事情是對的，這其實需要不只一點勇氣。

越戰時期，當美國對於是否要持續戰爭的爭議延燒到最高點時，有一個支持戰爭白熱化的政黨主張，美國從未輸過任何一場仗，所以我們不論代價，都必須保住這份光輝的紀錄（根據當時的國會紀錄）。其中一個議員認爲這不會影響美軍的最終撤離，他說:「讓國會通過決議，打贏戰爭後再撤退。」但是，當我們正面臨前所未有的傷亡人數時，怎麼有辦法說自己正在贏得勝利？在你落後時，又怎麼有辦法說自己正在領先？但露西可以！

查理布朗，你長大後會去當送報僮嗎？
嗯，我想呀，我想要有自己負責的路線。
那麼你應該學習如何捲跟摺一份報紙，這樣你才可以把它成功扔到門廊上。來，讓我做給你看……
你看，先像這樣把它摺超過第二欄，然後再像這樣把它捲起來，直到看起來像這樣。再來，把這部分塞到這裡，之後再這樣子捲……
接下來就只要……
丟出去！
另一件事就是你必須知道怎麼吸引客戶。如果你想要知道那點，可以再問我。
謝謝。
SCHULZ

露西對自己非常有自信，對於長大後會是個絕世大美女這件事也毫不懷疑。

這些目錄上的模特兒真令人感到沮喪！每個人都這麼帥、這麼漂亮！
你看他們穿春裝的樣子，根本為我們這些小孩樹立起了一個不可能達到的高牆……
我們之中根本沒有人長大後會那麼好看。
1-28
我會啊！
© 1988 United Feature Syndicate, Inc.

對自己有信心的人並不會四處宣揚他們「知道一切」。真正有能力的人知道其他人看得見他們的能力。反倒是對自己缺乏信心的人，才會常常表現得「自以爲無所不知」，口中卻說

出那些最荒謬的言論……

PEANUTS
樹葉是一門
很迷人的學問，
奈勒斯……
許多人認為樹葉就只在
秋天落下……
我的胃！
但真相是，它們為了不被
松鼠抓住而跳下來的！
害我胃也痛了！
查理布朗，坐過去一點……
SCHULZ
7-6

……並且捏造出有利於他們的事實。

PEANUTS
謝勒德，
你為什麼不乾脆
放棄古典音樂呢？
你不知道這個國家裡有超過
八百萬個學鋼琴的學生嗎？

露西並不是我們會喜歡與之相處的那類人。事實上，我們還會因爲他們盛氣凌人的態度跟尖酸刻薄的評論而試圖躲避他們。

看似有益的安慰只會加重對方的症狀

在我們身邊的這些露西們會因爲傲慢而遭到許多人遠離，但他們不會反省自己，而是怪罪到其他事情上。在下面的漫畫裡，查理布朗試圖幫露西找理由解釋她被忽略的事實。

應該是吧，
我從沒遇過這種事。
你再繼續這樣看著我，
你的眼睛就回不去了！

查理布朗的解釋對露西的幫助不大。事實上，這種「有益的」安慰只會加重對方的症狀。不過，我們可以接著看看要是有人告訴露西事實，會發生什麼事情！也難怪大家都試著用幽默帶過。

怎麼會沒有人要邀請我
去派對？
告訴我！快點，快說啊！

露西什麼情緒都有，就是不快樂

觀察露西的情緒變化，可以進一步證明我對露西的分析：她的自大中帶有防衛性質。**如果露西真心認為自己是一個超棒的人，她會很快樂**。**但露西什麼情緒都有，就是不快樂**。她是個愛發牢騷的人，把自己的表現都歸咎於「愛生氣基因」。但眞相是，露西甚至已經不知道要怎麼笑了，這並不是快樂的人會有的表現。

不，露西並不快樂，因爲她的內心就跟查理布朗一樣。**那些受到自卑感折磨、不相信自己的人，很可能透過打壓別人來讓自己好過一點**。但是爲了這個目的，他們必須持續貶低旁人，而露西確實一直在削弱其他人的自信心。

花生漫畫
「老朋友查理布朗」
舒茲著
暫停！
查理布朗，你知道你需要什麼嗎？你需要一個綽號！
我們沒辦法一直大叫「查理布朗，丟給他！」這樣不夠厲害，你需要一個綽號才行。
你應該要叫快勾手、小帥哥、左攻手、荷蘭佬、神速仔、醫生，或其他什麼都好。
那麼如果妳有想到要叫我什麼，就直接從那裡大聲喊。
沒問題！
把球丟過去，大笨蛋！

舒茲在許多地方都點出露西必須透過貶低他人來讓自己感覺好一點。舉例來說，當查理布朗因為妹妹出生而暫時比較有自信時，露西說道：「世界上沒有任何事情比正常的查理布朗來得更令人討厭了。」露西需要用查理布朗一再失敗來證明她自己。她必須一再拿走橄欖球，讓查理布朗踢空，以此顯示他有多無能。當查理布朗因為住院而無法成為露西的受害者時，她因此感受到威脅，幾乎經歷了一場恐慌反應。

我剛剛跟查理布朗的媽媽通話，他並沒有好轉。
他沒有變好？太誇張了！他早該好了啊！！
7-26
這世界怎麼了？查理布朗怎麼可以生病然後還好不了？！
我需要有人讓我打啊！
United Feature Syndicate, Inc.
SCHULZ

即使她的驕傲跟自大如此明顯直白，露西卻說自己很謙虛。

如果你真的很謙虛，別用公共廣播系統大聲宣告。別做露西，但也別當查理布朗。了解你自己，肯定自己的長處跟能力，並試著將它們發揮到最好。尊重自己的本質，你也會贏得他人的尊重。

C.6

查理：
我就知道我又要輸了

查理布朗是自卑心理的最佳教材

如果說硬幣的一面是露西，那麼另一面就是查理。查理布朗對任何想了解自卑會引起什麼問題的人來說，無疑是最佳教材。他做什麼都輸，但這就是一種自我應驗預言（self-fulfilling prophecy），是自尊心低落的人會有的特徵。查理布朗打棒球會輸，是因爲他相信會輸球；他在學校的進度落後，是因爲他不多做努力；他的風箏卡在樹上，因爲這正是他內心的期待；而他之所以受單相思所苦，是因爲他沒有勇氣跟紅頭髮的小女孩說話。

因過度自卑、覺得自己不夠好而引起的問題無所不在。在《生命太過短暫》（1995）中，我列出了一連串自尊心低落所導致的行爲。查理布朗幾乎沒有得以用來抵抗這類負面感受的防衛機制，他只是一味感到自卑。

自尊心低落的現象實在太過常見，不禁使人好奇它的成因跟來源。有些人可能會認爲這是童年時期遭受的創傷或虐待引起，但在漫畫中，根本沒有任何暗示查理布朗受到傷害，或是沒有被好好照顧的情節。

查理布朗，
你很笨！而且還很
沒用，還⋯⋯
現在幾點了？
應該快中午
了吧。
我差不多要回家了，
換妳接手？
查理布朗，你是個笨蛋，
你沒救了，還⋯⋯

可能有人會說，露西跟其他孩子對查理布朗的貶低態度，傷害了他的自尊心。但事實卻可能相反，也就是說，是查理布朗的自卑感引起露西跟其他人的奚落。如同前美國總統夫人愛蓮娜．羅斯福說過：「除了我自己，沒有人可以貶低我。」

查理布朗已經低到塵埃裡，他認爲自己幾乎不存在。奈勒斯推崇笛卡爾我思故我在的哲學思想，根據這句話的邏輯，一個人即便認爲自己不存在，還是得承認自己存在著，因爲若不是如此，他是沒辦法想這件事的。查理雖然因思考而存在，但只以最渺小的形式存在，查理布朗就是這樣看待自己的。

有些人緊抓著自己是個失敗者的想法不放，嚴重程度令人疑惑，難不成認爲自己是個失敗者，眞的會比較好過嗎？在某個情節中，查理布朗向我們透露最近正在讀《羅馬帝國的削弱與衰亡》，因爲他覺得失敗令人著迷。

爲什麼會有人想要把自己視作失敗者呢？

沒有成功塑造出正面形象的人，可能會選擇讓自己有個負面身分。比起完全沒有任何身分可言，至少感覺好過一些。像是班上的搗蛋鬼，其實常常希望能獲得關注。但因爲覺得自己沒辦法透過好成績受到注目，所以選擇了一個負面身分，展現負面的個性特質。即使會被貼上罪犯的標籤，有些人還是會做出反社會行爲。這樣他們至少能擁有一個身分。**我們對於身分認同的需求之大，使人最終可能採取極端，甚至自我毀滅的方法，只為了成為「某個人」**。

在查理心裡，他最多只是 0.0001 的存在。與其做不被記得的人，他選擇當一個魯蛇。

PEANUTS
我受夠一直失敗了！
Tm. Reg. U.S. Pat. Off.—All rights reserved © 1972 by United Feature Syndicate, Inc.
不管嘗試什麼都會失敗，我再也受不了了。

負面看待自己後做出的反應，是很重要的心理學現象，因爲它解釋了爲什麼有些人選擇自我毀滅的方式行動。舉例來說，一個小孩可能明知自己會被懲罰，卻仍然做出某些舉動。另一方面，父母則不知道如何跟小孩溝通，對此感到手足無措。這可能只是因爲孩子覺得自己不可能變好了，而認爲至少可以當個擅長闖禍的人。

查理布朗不再相信自己可能擅長某件事。他看不見任何人可能會因爲他做了什麼，而喜歡他的希望。

處理負面特質該「由內而外」還是「由外而內」

自卑感有沒有可能是與生俱來的呢？雖然一般來說認爲一個人如何看待自己，是源於自身的經驗。也就是說，是透過學習而來的特質。不過還是有理由讓我們認爲某些特質是天生的。只要觀察育嬰室裡的嬰兒就會發現，即便是在新生兒之中，也已經存在個性差異了。舒茲似乎比較相信這個理論。

這個問題至關重要。那些認爲早期經驗影響了個人行爲及個性的心理學理論，決定了後續的治療方法。這種方法通常包含先調查一個人的過往，再試圖矯正或消滅他們在早期人生中建立起的特定信念。但如果認爲早年經驗雖然重要，卻不是導致自尊心低落的主要原因，那麼我們就會把治療焦點放在如何幫助這個人面對現實及現況，而非僅僅試圖了解源頭何在。

要處理負面特質有兩種方式。第一種是「由內而外」，先試著找出症狀產生的原因，藉由理解成因來減緩外在問題。另一種方式則是「由外向內」，試著先幫助這個人拋棄那些因病導致的行爲，將內在的改變留待日後處理。

現代心理學偏向採用第二種方式。這種方式確實有許多好處。我早期執業時，主要使用第一種心理分析原則，因此那時我有許多非常了解自己，卻仍覺得自己很神經質、不快樂的病患。在我改採第二種偏向行爲導向的療法後，治療結果就改善許多。

舉個例子，我覺得匿名戒酒會的方法比許多心理分析都來得有效，而且不僅限於處理藥物濫用。他們會告訴那些試圖解釋自己爲什麼喝酒的酗酒者：「別拿起你的第一杯酒，記得來每一期的聚會就好。」言下之意就是：「先停止這些毀滅性的行爲，至於起因是什麼，我們以後再討論。」同樣的方法也可以用來處理許多負面特質。

低自尊心的人在發洩感受時，常用的方式之一就是成為「壁花」。這些人就像是融入牆上的壁紙一樣，認為自己的存在是多餘的。對他們來說，生活既無趣又毫無意義，因此不難看到有人爲了逃避伴隨無趣而來的沮喪感，改用藥物追尋刺激。有些人則默默接受這個事實，雖然這樣不會帶來麻煩，但也沒辦法成就任何事。存在，就只是巨大的虛無。

查理布朗，
你在這裡做什麼？
11-29
沒幹嘛。

我只是想說可以站在這裡看著整個世界經過。
但它根本沒來過。

跟這些悲嘆自己存在的人相反，有些人從來沒想過人生存在價值之類的問題。他們單純在出生到死亡間，試圖獲取最大的快樂。就跟那些在牧場上開心吃草晒太陽的牛隻們一樣，這些人過得很開心。生命沒有太多意義的事實根本不影響他們的生活。

PEANUTS
我的人生沒有意義
我的人生沒有方向、沒有目標、沒有意義……

但不知道為什麼，
我過得很開心。
我做對什麼事了嗎？
SCHULZ

有些認爲自己在世界上沒有一席之地的人則會覺得自己爲什麼必須遭受這種命運。於是他會不斷追尋某些生命意義……

有時我晚上睡不著覺，
就會想「為什麼我在這裡？」
© 1994 United Feature Syndicate, Inc.
然後就會有個聲音說
「不然你還想去哪？」
SCHULZ

若是沒有找到滿意的答案，這個人可能會轉而向外尋找其他團體，像是邪教或是幫派，以獲得歸屬與認同感。他甚至可能對上帝生氣，氣祂如此不公平，把自己丟到世界上的這個地方。要是找得出自己受苦受難的原因，悲傷或許就會減緩，但就像聖經裡的雅各一樣，恐怕沒有任何足以解釋的理由，於是他們會覺得自己如同一片遭風吹落的樹葉，失去價值，灰心喪志。

有時我晚上睡不著覺，
就會想「為什麼是我？」
然後就會有個聲音說「不是要針對你，
只是你的名字剛好出現。」
11-13
SCHULZ

　　這些感受會對自尊心低落的人造成威脅。他們常常爲了被喜歡而去討好他人，但這可能只會讓自尊遭受更多傷害。

　　想要受到喜愛是人類基本的需求。覺得自己不被愛的人，會竭盡全力付出，只為了感受到被需要。他們也可能在獨處時，沉浸在一些誇張的幻想之中。

PEANUTS
露西，如果我告訴妳一件事，妳可以保證不笑我嗎？
我保證。
這真的很私人，
而且我不希望妳笑……
我發誓不會。
12-7

有時候我晚上睡不著時，會期待某個聲音大叫「我們喜歡你，查理布朗朗朗朗！」
哈哈哈哈
SCHULZ

可憐的查理！他是如此渴望被愛，渴望到甚至連幻覺都願意接受。

我們都很希望受到肯定，因此有些人會迴避任何可能受到拒絕的行爲。對自己充滿信心的人，會直接說出做出他們心中所想。但那些自尊心低落的人，害怕一旦表達出負面情緒，尤其是展露憤怒，將使自己被遠離，因而強制壓下心中的不悅。

花生漫畫
「老朋友查理布朗」
舒茲著
你今天踢枕頭了嗎？
心理諮商 15 元
你是一道謎。
我嗎？
醫生 候診 中
心理諮商 15
有時候，我懷疑你心中一直有道劇烈的怒火在燃燒。
我嗎？
醫生 候診 中
把憤怒壓抑在心底是不好的，查理布朗。
醫生 候診 中
© 1978 United Feature Syndicate, Inc.
我希望你能生氣！大喊出來！別憋著！說出任何你想說的事！來吧！
無須等候
現在嗎？

就是現在！
醫生 候診 中
可惡！
算了，15 元，
謝謝！
醫生 候診 中

一個人敢不敢表達心中所想，跟他對自己的看法有很大的關係。當然，當自信表達太過火，也有可能演變成我們在露西身上所看見的，一種侵略行爲。但如果一個原本因爲自卑而退縮膽怯的人，開始變得更果敢一點，那就代表他的心理漸漸出現好的轉變。

花生漫畫
「老朋友查理布朗」
舒茲著
危險！這棵
嗨，你這棵吃風箏的骯髒樹！你這個冬天是不是過得很慘？我猜你現在應該很餓，對吧？
你是不是也很恨我？因為我知道你是棵怎樣的樹，骯髒、心機又重、不是好東西的吃風箏樹！
你恨我，因為你需要我！我是這附近唯一會放風箏的小孩，沒有我，你就會超級餓！
如果我今年完全不放風箏了，你該怎麼辦啊？你會怎麼辦？
你會餓死。那就是你的結局！
嚇到了吧？沒有我，你什麼都不是！！
查理布朗，不好意思，但你看起來好像有點不一樣，好像有什麼改變了耶……
我想或許是因為……
這是我人生中第一次覺得被需要！

如何幫助他人建立自尊心？

我在《好事即將發生》的前言裡，曾討論過查爾斯．舒茲是否知道自己作品中富含對心理學現象的深刻洞察。我想，就如同那些經典作品的作者，或許創作時，都跟舒茲一樣沒有意識到自己對人性的理解有多麼深遠，而是用直覺在寫作。是讀者透過閱讀，才挖掘出漫畫中的心理學意涵。

舉例來說，在上面的漫畫裡，查理布朗大聲斥責了那棵樹：「你恨我，因爲你需要我。」我們很常看到，人們不一定會對傷害自己的人充滿怨恨，反而會怨恨對自己很好的人。爲什麼？因爲有些人覺得承認自己受惠於他人，就會對施恩者欠下人情。因爲討厭這種必須感激、投以回報的感受，所以他們反而對伸出援手的人產生憤怒。

每當我的演講主題是自尊心的重要性時，總不免有聽眾問：「我們該如何幫小孩建立自尊跟自信心？」**首先你能做的，就是肯定對方的成就**。父母很常「抓到」小孩做錯事，並且因此責罵。但當小孩做對一件事情時，卻又總被認爲理所當然，無須鼓勵。父母應該「抓到」小孩做對的事情，並爲此讚美他們。這正是培養正向性格的其中一種方法。

要注意的是，正面舉動必須在眞正值得讚賞時才管用。小孩可以敏銳察覺大人的讚美是否合理，因此假的稱讚不但沒有價值，還可能弄巧成拙，使小孩不信任家長。

不如忘記我前面說的吧！小孩知道的總比你想像得多。倒不如跟你的孩子說：「我們一起來玩跳棋，但因爲我經驗比較多，所以很可能會贏。但你要好好觀察我的棋路，我也會在你可以下得更好時告訴你。這樣，你就會變成一個厲害的跳棋手。」

在過往的漫畫中，查理布朗從來沒有成功上壘過，而且還經常在滿壘的時候被三振。但仔細看喔，不可能的事情有時眞的會發生，而查理布朗已經開心到飛上雲霄了。

你做到了，
查理布朗！
你打出了第二支
全壘打，
我們贏了！
你是說我
安全了嗎？
我是羅伊霍布斯的曾曾
孫女……我在哪？
剛剛發生了什麼事？
親愛的，妳剛剛守
著本壘板。這裡，
我只找到一隻鞋而
已……
7-2 © 1993 United Feature Syndicate, Inc.

不過，眞相最終仍然會浮現。我們會讀到眞正的事實。當查理布朗發現自己的全壘打是被「讓」出來的，他傷心極了。

你為什麼要跟我說
是妳讓我打出那支
全壘打的？我喜歡
當英雄的感覺……
我是羅伊霍布
斯的曾曾孫
女，我有我的
名譽要顧。
但羅伊霍
布斯是虛
構的小說
主角。
什麼？！
妳不知
道嗎？
我的
人生毀
了……
當妳的人生毀了的時
候，就找棵樹在下面
躺一整個下午。
8-20
© 1993 United Feature Syndicate, Inc.

查理布朗希望事情沒有被揭露，但一切未如他所願。假象被拆穿，導致自尊心迎來更深的低谷，而典型的查理布朗模式就是退回與世隔絕的狀態。

是妳讓我打出那些全壘打的？！
我必須這樣做，查理，你站在本壘板上的樣子實在很可愛。
我不想要看起來很可愛！！
© 1983 United Feature Syndicate, Inc.
不然我改說是同情？
我受不了了！

自尊心低落的人非常敏感，而且很可能選擇不與他人互動。因爲他們覺得自己沒有價值，不相信其他人會想要跟他們互動。於是爲了避免被拒絕的不舒服感，率先逃避與人連結。畢竟只要不與他人相處，就沒人可以拒絕你。

對自己的言行極度在意，也是不太對勁的徵兆。這就像是除非生病，我們平常並不會特別注意自己的眼睛、耳朵、喉嚨。

這道理在心理層面也相通。一個情緒健康的人不會一直注意「自己」，除非他特意花費力氣想著自己。但是，**一直持續不斷想著自己，就是一種內在受傷的暗示**。查理布朗自卑到內心受傷了，導致他非常在意自己的舉動。

如果一個人的鼻子上長了一顆很痛的青春痘，他可能會覺得全世界的人都盯著他的痘痘看。但事實是，根本沒人注意，也沒人會在意，只是因爲這份疼痛讓他對此敏感警覺，才會覺得好像每個人都跟他一樣，一直注意著這顆鼻頭痘。

因此，這個覺得自己充滿缺陷且自卑的人會非常在意自己的表現。他也深信每個人都在注意自己的差勁之處，甚至覺得別人都在評論他。

有些心理學家的理論是，個性較緊張敏感、神經兮兮，認爲別人都在說自己的人，其實是希望能成爲大家關注的焦點。因爲不受重視的感受太令人沮喪，不如認爲別人都在評論自

己，這反而能讓他覺得自己是重要的。

我確定查理布朗從沒讀過這些理論，但他顯然明白這件事。

呵呵呵嘻嘻～
那兩個女生已經坐在那裡聊了一早上了，還一直咯咯笑。
我敢說我知道發生了什麼事。
妳們兩個是不是在說我？
如果妳們有話想說，為什麼不乾脆直接對著我說？
我們才不是在討論你，走開啦！
哈哈哈哈！
呵呵呵呵呵呵！
妳們正在嘲笑我吧！
噢，老天！我們沒有在笑你！我們甚至沒有想到你！！
妳們怎麼從來沒想到我？

雖然主動遠離他人代表不可能被拒絕，但背後的代價卻是寂寞。這類對自己行為甚是在意的人於是陷入兩難之中，因

爲不管有沒有人在身邊，他們都會感到痛苦。對此，有個解決方法，那就是居住在巨大且擁擠的城市裡。這樣既可以接觸到許多人，又不會跟任何人保持聯繫。在某些人口密集的都市，人們甚至不會知道住在對門三十年的鄰居叫什麼名字。如此一來，就不需要擔心被拒絕，因爲沒人會特別注意到你，或是眞的在乎你。這種連結無法賦予情緒價值，卻可以讓人有自己屬於某個群體的錯覺。

老天，這個地方有夠寂寞。
我想我錯了！我無法獨自一人待著。
這才是我該在的地方！這才是我愛的……

城市的喧鬧嚷嚷！
SCHULZ

優柔寡斷也是自尊心低落的一種表現

自尊心低落的另一種表現方式，是沒辦法做決定。這源於不相信自己有能力做出好的判斷。

因爲無法相信自己的判斷，也因爲沒有人可以告訴他們該想什麼、該相信什麼、該做什麼，所以他們會因爲搖擺不定而備受折磨。不知道自己想要什麼，不確定什麼是對什麼是錯，一旦開始享受快樂，就會充滿罪惡感。但如果不讓自己感到快樂，很可能又會對自己或其他人生氣，自我剝奪享受樂趣的機會。簡單來說，他們是一群優柔寡斷，反覆不定的人。

查理布朗讓許多人看見似曾相似的場景。我們都曾在某個時刻感到一絲自卑，很多人的自卑感則不只一點。但最令人感同身受的，是查理布朗在他最美好的願望前所感受到的絕望。其實他暗戀的那位紅髮小女孩至少承認他的存在，甚至有可能也喜歡上他。但查理布朗的自卑讓他堅信跟紅髮小女孩在一起的可能性微乎其微。於是他順從了可悲的命運，放棄嘗試夢想。此時，露西的鼓勵根本算不上幫忙。

PEANUTS
如果我是你，查理布朗，我會忘了那個紅髮小女孩，你不是她的菜。
那我會是誰的菜？
嗯，好問題！沒錯，真是個好問題！
12-18
你真的考倒我了……你會是誰的菜？哇！這真的很難！
這是我遇過最難的謎題！的確是道難題！令人費解！實在是……
噢！老天！
SCHULZ

愛情不是唯一會讓自卑得逞，使人失去動力追求機會的地方。有些人因爲覺得自己會被淘汰，無法鼓起勇氣應徵某份工作。或是因爲覺得自己會被拒絕，永遠無法將手上那份稿子寄給出版社。對於能自我肯定的人來說，被拒絕確實很痛苦，但

還算可以忍受，所以願意採取行動，因爲他知道雖然放膽去做可能有 75%的失敗機率，但要是什麼都不嘗試，就等於百分之百失敗。

如果我走到
那個紅髮小女孩面前，
給她一個大大的擁抱，
會發生什麼事？
好，
我要行動了。
© 1979 United Feature Syndicate, Inc.
10-22
最好是啦。
SCHULZ

可憐的查理！他試著跨出實現夢想的第一步，卻因爲迅速退縮而失敗。

我們都渴望被認同與接受。但有些自卑的人，可能因爲深信自己不受喜愛，所以不願意花費力氣改變。人們會懷念過往很正常，但是當一個人對未來沒有什麼期待時，可能愈發重視過去，這或許就是爲什麼長輩總在追憶往昔。

覺得未來渺茫的年輕人也會想著過去。**對於那些想要避免犯錯、為此感到不安的人來說，過去是個相對安全的舒適圈。一個人是無法在過去犯下更多錯誤的**。但同樣的，一個人也沒辦法眞的改變過往，讓既有的錯誤消失。只是有時幻想可能會超越理性，就如同查理布朗所說，他想要「讓昨天變得更好」。不過查理布朗其實很幸運，儘管很自卑，他仍然還抱些許希望：如果願意面對某些不是那麼令人喜愛的特質，並稍微改變個性，他就會受到更多喜愛。

我永遠都在擔心
明天可能錯了。
或許我們都應該
想著今天就好。

不，那是種認輸。
我還在期待
昨天可以變得更好。

意識到自我評價被扭曲，是成功克服一切的一大步。因爲這可以讓人開始尋求適當的協助，以改正原先的誤解，像是諮詢專業治療師。

不過還是要注意！不是所有心理治療師都同樣擅長處理自尊心低落帶來的問題。

我在醫學院的第一年，同時要修習解剖學、生理學、生物化學。這是我最後一年學習有關正常、健康的人體知識了。第二年開始，所有課程包含神經病學領域所受的訓練，全都跟病理學相關；換句話說，就是研究疾病，而非研究健康。因此，當我從醫學院離開時，已經抱持著偏離常軌的視角，總是在每位病患身上尋找病兆：哪裡有問題？感染處在哪？腫瘤在哪？新陳代謝是不是出了狀況？發生心理疾病了嗎？

可以想見，這勢必是多數執業醫生的看診模式。想像一下，如果你今天因爲肚子痛去看醫生，結果在做完檢查後，醫生告訴你，你的眼睛、耳朵、心臟、肺都完好無缺。雖然有人確保是很安心，但這並不是你看醫生的目的對吧？你眞正想知道的是肚子爲什麼會痛，以及該怎麼做才能緩解症狀。

不過在面對情緒疾病時，狀況則大不相同。多數時候，**難解的不是病患哪裡有問題，而是他根本不知道自己哪裡沒問題**。心理治療師在診間裡常見的案例，很多都源自於異常的自卑感，以及因爲無法看見自己的性格優點而產生錯誤觀感。病患甚至可能相信自己有缺陷，即便那只存於他個人的想像。在處理這些案件時，尋找病症反倒是個錯誤。相反的，應該把重點放在幫助這個人發現並發展自己的個性優勢。

說到幫助別人克服自卑感，露西在這方面顯然不是位理想的心理醫生。

花生漫畫
「老朋友查理布朗」
舒茲著
我希望大家喜歡我。
不對，我想要的不只是「喜歡」。
醫生 候診 中
心理諮商 15 元
我希望大家覺得查理布朗真是個太棒的人！
醫生 候診 中
還有在派對上，我希望大家可以一直找我的身影。當我終於抵達時，他們會說：「老朋友查理布朗來了，一切都完美了！」
我想成為一個特別的人，我想要被其他人需要，這好像有點難解釋……
醫生 候診 中

有能力的專業人士也可能自我價值低落

有些人在特定領域裡會感到安心、有能力。舉例來說，**醫生、律師，或是商人都可能對自己的專業才能充滿自信，但他們卻不一定會覺得身為人的自己夠好、夠有價值**。因此，或許他們在對自己充滿自信的地方，像是辦公室裡會感到舒適，而一旦卸下身分回到家卻非常不自在。這是因爲在家中，他們必須成爲伴侶、父母、情緒價值的提供者。要是他們對自己的個性沒有信心，可能就會逃避回家，花更多時間待在辦公室裡。因爲在這裡，一切最令人放鬆。

另一方面，有些人卻覺得自己在各方面都不夠好、不夠有價值、沒有任何事情可做。

心理諮商 15 元
醫生 候診 中
查理布朗，人生啊，就像是一張沙灘椅……
像什麼？
你有沒有搭過遊輪？上面的遊客會把帆布製的沙灘椅攤開，就可以坐在上面做日光浴……
有些人會把他們的椅子面向船尾方向，好看看他們曾經經過哪裡……
醫生 候診 中
其他人會把椅子面對正前方，他們想要知道未來會往哪裡走！
醫生 候診 中
心理諮商
在人生的郵輪上，查理布朗，你的沙灘椅會面對哪個方向？
醫生 候診 中
我從來沒成功打開沙灘椅過……
醫生 候診 中

預想悲劇的發生，反而促使了它眞正發生

自我價值低落的人無法好好享受生活，因爲他們覺得自己不值得快樂。他們也可能害怕享受任何活動、關係，因爲總是有種不祥的預感籠罩心中，似乎只要享受了，擁有的一切就會離去。有些人預想著悲劇的發生，並在壞事眞的出現時感到一陣輕鬆。他們會覺得至少自己該受的苦已經受了，甚至沒有意識到自己爲了從等待災難的不安中解脫，無意識的促成了不愉快的事件發生。

人們對於應付壓力的方法很感興趣。由於壓力可以激發腎上腺素，讓身體感到警覺並準備好面對一切，人們需要適當的壓力才能拿出最佳表現。所以經常喝酒或使用鎭定劑來躲避壓

力是錯誤的。但很奇怪，那些使用藥物迫使自己停止運轉的人，反而可能欺騙自己，認為自己很有生產力。

有人打電話找你。
誰理他。
告訴他們我很忙。
© 1982 United Feature Syndicate, Inc.
我會直接跟他們說你在睡覺。
睡覺也是很忙的。
SCHULZ
1-6-83

不過壓力也具備破壞性。在人的個性中有許多負面因素，其中一種就是容易「過度緊張」。太多腎上腺素會導致人體進入焦慮狀態，導致無法靜下心做事。科學也證實，過度擔心會使腎上腺素過量。

其實差異往往不在於壓力的本質為何，而在於一個人如何看待壓力。無論我們做什麼事情都無法確保成功。我們可能搞砸考試、漏接橄欖球、把東西烤焦。**如果我們願意將失敗看作一種不愉快的經歷，知道自己不想失敗，但也理解自己能從失敗中存活，就能從容處理跟看待壓力**。但要是我們把失敗當成會完全毀掉我們的終極災難，那麼飆高的焦慮將會讓我們事與願違。

很明顯，一個人對自己的信心及安全感，將決定他如何看待失敗。查理布朗永遠覺得自己不夠好，所以他對失敗的擔憂導致他整晚睡不著，而這件事又影響了他隔天在投手丘上的表現。**他擔心失敗這件事，會真的致使他害怕的慘敗發生**。

明天是我們在這個賽季裡
最重要的一場比賽！
7-26
我要竭盡全力！
我不會犯下任何錯誤！

我不能讓任何人打到
我投的球！
也不能讓任何人打出全壘打！
我不能犯任何錯！
我今晚睡不著了！
SCHULZ

查理布朗想像自己投出一場無安打也無全壘打的比賽。雖然他的紀錄一直以來都很差，他還是對奇蹟抱有希望。

就像史努比一樣，查理布朗時不時也會陷入一廂情願之中，幻想著現實生活中令人絕望的結果得以逆轉。這本來會是個不錯的減壓方式，可惜就算是在幻想裡，查理布朗也對自己很沒自信。

如果問那個紅髮小女孩可
不可以坐在她旁邊吃午餐
的話，不知道會怎麼樣。
說不定她會叫我滾，
或是拿石頭丟我，
拿棍子打我……
1-14

或者她會直接把午餐砸到我臉上，或是大聲呼救，也可能直接對著我的肚子踢上一腳。
不知道她能不能一口氣做完這些。

　　自我價值低落的人可能會因爲渴望受到認可而容易受到剝削。雖然在幻想裡，他們成就斐然，但現實是，只要能讓他們覺得自己的存在受到注意，他們很可能願意屈居低位，甚至連帶有貶低意味的事物也能接受。

嘿，小查我看到你的表現了。
真高興你問了我。
我猜妳是想找個好投手，對吧？
3-19

內野手？外野手？
指定打擊？還是捕手？
我快猜到了嗎？
還有什麼是我沒提到的？
SCHULZ
噢，
不！
© 1983 United Feature Syndicate, Inc.

是這樣的，小查……
大聯盟裡所有球隊都有吉
祥物，對吧？
我們隊的吉祥物是「鵜鶘」
記得吧？嗯……我們希望能
由你來扮演這個角色。
3-21
先穿穿看嘛，小查，
再看看感覺如何。
© 1983 United Feature Syndicate, Inc.
SCHULZ
哇！
！

每個人對自己都有特定的想法，也會認定自己應該屬於哪種群體。尤其當我們不是自己決定，而是讓他人定義自己，規定我們應該成爲什麼樣子時，就會產生這類群體自我概念。一個堅定並正面看待自己的人，可能會拒絕被別人定義，而沒有先形塑出自我認同的人，則很可能接受任何來自他人的看法。

我們知道查理布朗總是覺得自己很爛。

PEANUTS
我拿到的主題是冰河。
冰河是由非常大的河川結冰而成。
冰河通常每前進一英尺，就會倒退三英尺。
這根本就是在說我啊！

因此在紅髮小女孩搬家後，查理布朗已經無法再幻想什麼了，他甚至不讓自己好好哭泣。爲什麼呢？因爲他缺乏自我身分認同，他所擁有的身分認同，只剩下是個男人而已……

如果哭了，代表他連作爲男人的身分都沒有了。

查理布朗的故事並沒有就這樣悲傷的結束。他去了一個營隊，在那裡遇到了一個同樣寂寞的男孩。因爲曾經如此強烈體會過孤獨帶來的痛苦，查理布朗得以理解這個男孩，並幫助他克服孤單感。

友情是魔法藥水。朋友可以讓你感到更加快樂，也可以幫忙減緩痛苦跟悲傷。接受他人的友誼令人愉快，幫助朋友更是令人滿足。事實上，當知道自己幫助了某個人時，查理布朗的臉上甚至露出了微笑。

PEANUTS
親愛的爸爸媽媽，
我在營隊裡過得很好。
6－14
昨天我認識了一個新朋友，
他叫查理布朗。
他非常寂寞，
但我覺得我幫助了他。
他是那種很適合
暫時當朋友的人。
SCHULZ

C.7

謝勒德：
藝術裡狂熱的信徒

對藝術著迷的狂熱信徒

有些人真的是屏除一切雜念，完全沉浸於專注的領域中，造就了許多關於教授日常生活心不在焉鬧笑話或藝術家不聞世事的趣聞。我最喜歡的一個故事是，有個神學講師整日埋首於自己的神學研究裡，有天他走在回家的路上，赫然發現認不出自己的家是哪一棟。於是，他叫住了一個站在路邊的小女孩，問：「請問妳知道哪一間是瑞比家嗎？」小女孩回問：「爸爸，你認不出我嗎？」

對於神學家、哲學家、藝術家、音樂家來說，整個世界或許只剩一個特定的主題值得關注。這個主題因此具備了某種神聖性，於是他會用比狂熱信徒還更瘋狂的熱情投注其上。這究竟是件好事或壞事，取決於這個人如何處理這種入迷的狀況。

謝勒德就是這樣的人。對他來說，整個世界，不，整個宇宙都是由音樂組成的，透過鋼琴和他的偶像貝多芬組成了一切。謝勒德崇敬貝多芬，如同一位教徒膜拜神祇。就像某些信徒想讓全世界都跟他追隨同一份信仰一樣，謝勒德相信全世界都應該認識貝多芬的「神聖」。身爲一個同樣受貝多芬交響曲的偉大所吸引的人，我其實能理解謝勒德的心情，不過我不太可能舉著立牌到處走動。

許多人會把快樂跟擁有最想要的東西畫上等號。這些人不相信「金錢無法買到快樂」這句老話，因爲他們推崇金錢跟物質，相信財富必能帶來快樂。然而，身爲一位跟某些極度富有的家庭有過醫療往來的精神科醫生，我必須說，這句俗諺是事實。**雖然錢可以買到許多東西，但它就是無法買到快樂**。

對小孩來說，什麼是快樂呢？或許是擁有整間玩具店，這樣就可以日日夜夜都在裡面玩著不同的玩具跟遊戲。小時候，我對火車相當入迷，羨慕可以整天搭乘火車的列車長。其他小孩則可能覺得糖果店跟冰淇淋店老闆是世界上最幸運的人，因爲只要他們想要，隨時都可以吃到冰淇淋跟糖果。

唉！世界上眞的沒有任何事情可以保證快樂。億萬富翁、玩具店老闆、冰淇淋店老闆，當然還有火車列車長，他們都有自己的痛苦。不過謝勒德卻很難理解爲什麼成爲貝多芬還無法解決所有悲傷。

貝多芬難以接受這次的拒絕。
之後的好幾個星期，他都非常難過……

理解這群「單一」的人並不容易。就像是酗酒的人眼中只有酒精、吸毒成癮者眼裡只剩海洛因跟古柯鹼一樣，對某件事專心至極的人，並不會對這個領域之外的任何事情感到興趣。除了他們的「命定」之外，用其他事物試圖與他們建立連結，最終都可能以失敗收場。由於無法與這群人溝通，大多數人選擇迴避，因此他們大多寂寞。當然，也因爲他們太過沉浸在自己喜愛的事物上，或許並沒有意識到自己是寂寞的。

然後第二週，我們可以討論貝多芬，第三週，我們可以來聊聊貝多芬，然後……
抱歉，我說了不該說的話。
11-19
SCHULZ

英雄崇拜者在談論自己崇敬的對象時，會變得極度敏感。一旦他們覺得自己崇敬的人不被尊重，即便沒有直接用暴力回擊，也會對此表現得義憤填膺。從歷史看來，這種對他人英雄的侮辱，常常是挑起國家之間戰爭的導火線。

這種敏感情緒的起因來自英雄崇拜心理。自卑、自我價值低落的人，由於不認為自己有優點值得他人尊重，因此試圖透過認同某種值得崇拜的人事物，為自己獲得價值感。自尊心獲得滿足對一個人的心理健康來說至關重要，就如同人類需要氧氣才能存活一樣。侮辱這個人的英雄，就像在攻擊他的自身價值。因此這些人的反應會跟謝勒德覺得貝多芬受到挑戰時的反應一樣。

PEANUTS
牠只是模仿你一下而已，幹嘛這麼不開心？
讓可憐的狗開心一下嘛……
你知道牠現在在學誰嗎？
貝多芬！
不可原諒!!!
11-25

英雄崇拜滿足了人們對完美的渴求

擁有崇拜的英雄還能滿足另一件事：所有人都是不完美的。我們都會犯錯，但心中難免有達到無所不知或完美境界的渴望。這是不切實際的，不過這個困境可以藉由崇拜某個被視爲完美的人或完美的事物解決。**透過信仰這個完美事物，我們得以感受完美。這份欽慕滿足了對完美的渴求**，因此，只要有人暗示自己所信仰的事物有任何瑕疵，都是無法容忍的。

"PEANUTS"
終於來到排演貝多芬新交響曲的那一天。
但有位獨奏者抗議她的部分太難。
她詢問作曲家能否回頭修改曲子……
別聽她的，貝多芬！
10-26
SCHULZ

有些藝術家在意錢，可能要求高額演出費，或是一幅畫要價天文數字。但是，也有人眞心相信可以爲藝術而藝術，視金錢如束縛。對他們來說，藝術是無價的，不能用金錢衡量。

花生漫畫
「老朋友查理布朗」
舒茲著

謝勒德，鋼琴家賺的錢多嗎？
錢？
誰會在乎錢？！這是藝術，妳這個笨蛋！！
我彈的可是偉大的音樂，偉大的音樂就是一種藝術！你聽到了嗎？一種藝術！！
藝術！藝術！藝術！藝術！藝術！
哐哐
哐哐
你真讓我著迷！

平凡的露西覺得這個看法令人著迷。其實露西並不是只用錢來衡量事情。對她來說，標準不同沒關係，只要夠高就可以。

舉例來說，美國文化最重視什麼樣的人呢？是找到方法治療致命疾病的科學家嗎？不是。說不定把過去十年間所有科學獎獎金跟科學家們的薪水加起來，都比不上一位對人類生活品質沒什麼貢獻的明星所賺得的年薪。

花生漫畫
舒茲著
貝多芬……哈！
每個人都在說貝多芬有多厲害。
貝多芬也沒那麼好！
妳說貝多芬沒那麼好，是什麼意思？
他的照片從來沒有出現在泡泡糖附的交換卡片上，不是嗎？
你有在泡泡糖附的卡片上看到他過嗎？有嗎？

如果一個人從來沒被印在泡泡糖的卡片上，怎麼能說他很偉大？
那就是為什麼我說貝多芬也沒那麼厲害！
真是不錯的一天！

事實是，一位天縱英明的鋼琴大師一生所能賺到的錢，可能還不如一位明星運動員一年的收入。但當然鋼琴家也不需要看到自己的照片出現在泡泡糖附的卡片上。

在謝勒德心中，貝多芬已經超越凡人。一旦有了崇拜的對象，即便這個人會享受世俗之樂，他或她的崇高地位也不會因此消失。看看希臘神話就知道了：眾神都非常放縱，祂們做的事情就只是將追求快樂賦予神聖的地位，因此有些古老的宗教儀式便包含狂歡宴會——眾神所行之事必定是好的，因此人類必須效仿這個行爲。

PEANUTS
貝多芬最喜歡的其中一種食物是起司通心粉。
我未來要娶的女生，一定要很會煮起司通心粉。
1-31

失樂症與唯心論，查理布朗與謝勒德

對謝勒德來說，貝多芬的超級英雄地位並沒有因爲他喜歡起司通心粉而下降。事實上，出自對貝多芬的敬意，所有音樂家都應該要喜歡起司通心粉才行（這就像是有些精神分析學家會學佛洛伊德抽雪茄一樣）。露西並不覺得貝多芬是位超級英雄，因此無法理解爲什麼冷掉的麥片粥不能取代起司通心粉。

有時候，舒茲在心理學層面的觀察精準到令人發毛。舉例來說，有種疾病叫做失樂症（anhedonia），意思就是缺乏享受任何事情的能力。

從專門分析喜悅這種感受的研究得知，快樂是慾望獲得滿足的結果，舉例來說，在非常飢餓時獲得美味食物，就能享受吃東西的過程。這同樣也發生在享受電影、書籍、靈性體驗之中。沒有食慾時吃東西很難激起享受的感覺，這就是爲什麼會有開胃菜的存在，目的就是先激起對食物的渴望，以便提升吃東西時獲得的愉悅感。

患有失樂症的人沒有渴望，生活既枯燥又乏味。有些酗酒患者會提到，唯一能刺激他們，讓他們覺得享受的東西只有酒，因此他們變得極度依賴酒精。沒有樂趣的生活令人難以忍受。

謝勒德渴望感覺到自己正在活著，而音樂會激起他的這份渴望。可憐的查理布朗覺得自己做什麼事都注定失敗，因而失去期待的能力。

或許失樂症不能被視為一種性格特質，但它的確是值得關注的情緒疾病。世界上有許多人感覺不到快樂，只是日復一日跟隨生活隨波逐流。有失樂症的人可以透過精神治療改善情況。不過如果你的精神科醫生是露西，那應該很難痊癒。

有個跟失樂症有關的好例子。我曾聽過一個故事，有兩個孩子分別被帶到不同的地方。第一個孩子來到一個充滿玩具的房間，卻感到沮喪害怕，因爲「玩電動火車很可能不小心觸電死掉，玩建築玩具組也可能因爲不小心割到手指，流太多血死掉」。另一個孩子來到一個充滿馬糞的地方。當他看到這一切時，反而開心拍手大叫：「天啊！這附近一定有匹可愛的小馬。」第一個孩子就是失去快樂的寫照。

屢次失敗，以及失去期待成功的能力，讓查理布朗變成一個失去快樂的人。既然他的渴望從未被滿足過，那麼對事情產生期待與渴望沒有任何意義，他甚至不再有任何需求了。

如果上面提到的某些心理學例子看起來令人難以置信，那麼讀一讀下面提到的例子吧。這讓我確信過往三十五年的臨床經歷，真的跟舒茲那令人驚豔的洞察相符。

對大多數人來說，世界是由各種眞實的事物組成：人、房屋、桌子、椅子、車子等等。當然也有些抽象事物像是音樂、藝術、想法等等。我們主要存在於有形的世界。那些抽象事物則滿足我們在智識跟美學等需求。不過對某些人來說，上面那句話必須反過來說：他們大多時候住在充滿抽象事物的世界，對他們來說，那才是眞實生活。這種情況的程度也有輕有重，但**最極端的情況，可以從有名的唯心論哲學家喬治．柏克萊的論述中看到：「我的想法組成世界。」他的意思是，世界上並沒有實質的物體、沒有明確的現實——只有由想法組成的現實**。

我聽說過有個學生非常熱中研究柏克萊的哲學，經過漫長深思後，他決定相信柏克萊提出的理論，也就是外在世界並沒有眞實事物存在，一切都只是我們的想法。有趣的是，有次他撞到一棵樹，頭部遭受了不小的撞擊。他當時想著：「世界上沒有眞實事物，一切都是我的想法。除了那棵樹。」

對某些藝術家來說，藝術就是唯一的現實。音樂之於謝勒德，不只是聽得到，還成爲可感知與碰觸的存在，彷彿旋律已經不再只是聲波。事實上，有些音樂家會認為旋律有自己的顏色跟形狀。就連史努比都可以做到這一點：讓音樂變成可以碰觸的東西。

全心投入於藝術世界，可能會讓這個藝術家只專注於此，導致不諳世事，負面的性格特質就在此時顯現。我大學時的物

理學教授熱愛物理到廢寢忘食。據說有一次別人問他的名字，他卻拿出計算尺。根據我對這位教授的了解，這個故事應該不是道聽塗說。

這種天真可能使這位藝術家容易遭到利用，甚至受騙上當。某次，謝勒德要去參加一個營隊，有人告訴他有架班機可以帶他抵達那裡。於是他超級認眞地加入了一群小孩的扮家家酒……

親愛的乘客您好，
班機即將起飛，
請繫好您的安全帶。
並請將您的座椅調正。
7-26
我沒有座椅……
United Feature Syndicate, Inc.
那麼請確保駕駛有坐正！
SCHULZ
!

……結果卻沮喪地發現自己還在家。

嘿！
這不是我們出發的
地方嗎？
© 1980 United Feature Syndicate, Inc.
我們整天都在飛行，
怎麼還留在原地？
我應該要在音樂營了啊？！
8-6
發生什麼事了？
抱歉，先生，
飛機航廈整修中，
目前不開放！
SCHULZ

有些藝術家完全沉浸於自己的世界，以至於沒有時間跟精神分心，包括愛情。謝勒德對音樂的投入，讓他完全沒有察覺到露西的存在，也毫不在乎露西的感情。

花生漫畫
「老朋友查理布朗」
舒茲著
我一直在想有關
我們的事……
你知道的……
你跟我……
我想大部分的感情都會在某天
迎來結束，或許我們的那天
也來臨了……
我想如果我們能夠好好結束，
承認曾經有過的愛現在已經
消失了，這樣是最好的。
這種事情每天都在發生，我猜我們只是
不曾想過這件事會發生在我們身上，
但它確實發生了，我們曾經深愛過，
但現在已經不再愛了！
哈哈哈哈！我騙到你了對吧？你
嚇到了吧？哈哈哈！抱歉讓你難
過啦，但有一瞬間你真的以為完
蛋了對吧？哈哈哈！我真的沒想
到會讓你這麼難過……
10-14
可惡！
SCHULZ

謝勒德回應露西時，要不是因爲彈奏被打擾而直接、幾乎厭惡拒絕，要不就是淡淡示意：「你走你的陽關道，我過我的獨木橋。」

PEANUTS
我們要不要去吃
巧克力聖代？
9-8
聽起來不錯，
妳先去吃吧。

然後等妳回來，
我再去吃我的聖代。
還真浪漫喔！
SCHULZ

藝術家擁有兩種令人崇拜的特質——完美主義跟全心專注，或許都與推動他們前進的藝術天分息息相關。對藝術家來說，沒有什麼比自己的作品被拿來和品質相差甚遠的東西相提並論還來得令人生氣。訂製服裝的裁縫師可能會對大眾服飾嗤之以鼻，厲害的木櫃師傅可能會覺得工廠製造的傢俱都是垃圾。但這些都遠比不上一位古典音樂大師意識到音樂被其他「形式鬆散」的作品玷汙時，所感到的憤怒。

PEANUTS
我有一個朋友會
彈手風琴……
他會彈波爾卡舞曲、華爾滋、
波西米亞雙人舞曲……你知道的，
就是大家都喜歡聽的那些音樂。
5/9

啊！！！
我就知道會激怒他！
SCHULZ

只要你願意試著理解，跟藝術家相處也可以很開心。他們沒有惡意，即使只願意談論正在鑽研的領域，讓我們寬宏大量一點。

PEANUTS
聽著，謝勒德，
捕手是球隊的
骨幹……
你能不能**用心**一點？
就不能叫一聲或是吹個口哨嗎？
4-15
這是蕭邦的「降
E大調夜曲」。
噢天啊！
SCHULZ

C.8

瑪西：博士不是訓練出來，而是天生的

瑪西跟佩蒂，如同母女般的友情

瑪西絕對是你身邊典型的資優生。身爲一個科科拿 A 的用功學生，瑪西雖然專心念書，但她跟一心關注古典音樂的謝勒德不同，瑪西有意願參與其他活動，只可惜她沒有那麼擅長讀書以外的事。與總是一個人的謝勒德相比，瑪西有朋友，尤其可以看到她和佩蒂間如同母女般的朋友關係。更重要的是在謝勒德的人生中並沒有愛情這兩個字，但是瑪西有。只是，瑪西對學業的熱忱加上在運動中的笨拙表現，還是讓她獲得「怪咖」的稱號。

花生漫畫
「老朋友查理布朗」
舒茲著
?
瑪西，妳在做什麼？
我的腳卡在洗鞋的機器上了。
這不是拿來洗鞋的，瑪西，這是洗高爾夫球的！來，先把鞋子脫掉……
如果想成為球僮，妳還有好多東西要學呢！
好了，等巴特利女士打完這桿後，妳就趕快去拿球，要在她下次開球前把球洗乾淨。
巴特利女士，我來拿吧。
很好，就是那樣。
啊可惡！！
又怎麼了？
我把白色的殼打開後，就沒辦法把球復原了……

像是不可以把高爾夫球的外殼掰開這種常識，卻可能難倒某些學者。

瑪西，我們來練習
自由女神像戰術。
妳先退回去傳球，
然後我會跑到附近接球。
11-6
© 1991 United Feature Syndicate, Inc.
瑪西！
妳傳球後要把球放開啊！
SCHULZ

世上沒有任何組合比瑪西跟佩蒂更兩極。她們都擅長做對方不會的事：佩蒂的運動超強，但她功課總是拿 D；瑪西則是每科拿 A，卻完全不懂高爾夫球或美式足球。

表面上，成功的學者似乎不在意運動方面表現好壞，但這並非事實。就如同瑪西覺得自己必須努力補救缺乏運動細胞一樣，心中多少會有點生氣和羨慕。

是的女士，我是來這裡參加
青少年保齡球錦標賽的，
我想在賽前先練習一下。
不，這是我的朋友瑪西，
她只是來看我練習而已，
她沒有很擅長運動……
10-22
但我不會在上課時睡著，
而且還拿 D-。
妳剛剛不用說
那些的，瑪西。
丟球吧，
先生。

舒茲筆下的瑪西總是稱呼佩蒂為「先生（Sir）」，有兩種可能的含義：瑪西可能認為具有運動才能的佩蒂比較陽剛……

奈勒斯，
你覺得女生跟男生
應該參與同種運動嗎？
嗯……
我不確定。
一定會有出現傷患的問題。
我不想要
因此死掉！
碰！

女性主義的先鋒，佩蒂

或者，那是一種表達喜愛的方式。雖然瑪西是眾所皆知的優等生，她仍然認爲擁有像佩蒂那樣的運動能力很重要。這件事精準反映出社會大眾的態度：大學通常不是因爲人文或自然科系，而是因校內的足球或籃球隊而被廣爲認識。美國最古老的學術榮譽學會（Phi Beta Kappa）的學生的確受到人才招募者的歡迎跟青睞，不愁找不到工作，但是薪水跟傑出運動員相比卻不值一提。這是否正反映了社會的集體性格特質呢？

舒茲似乎在暗示女性知識分子並非女性主義的先鋒，女性運動員才是。在我看來，這又是另一個需要處理的社會信念。雖然瑪西能背出跟性別歧視相關的資料與數據，但真正採取行動的人卻是佩蒂。

奈勒斯，
你的足球看起來很不錯。
先生，我應該講出數據嗎？
9-25
在 1978 年，
分配給大學男性運動員的
平均預算是 71 萬 7 千元，
但給女性運動員的卻只有
14 萬 1 千元。
© 1979 United Feature Syndicate, Inc.
唉
SCHULZ

雖然瑪西可以列舉出數據，但她似乎不太在意這件事帶來的結果。或許正因爲她缺乏行動主義者該有的自信果敢。就像一般人會想逃避挑戰一樣，瑪西也爲她的消極找了合理的藉口。

瑪西，
我覺得我們正在前進了，
女性在運動界獲得平等的
那一天快來了。
誰在乎？
妳說什麼？
先生，
我對運動完全沒有興趣，
為什麼我要在乎這件事？
© 1979 United Feature Syndicate, Inc.
那女性的
權利呢？
我也還不是
女人！
10-2
SCHULZ

理性與感性是否眞的相互排斥呢？高智商的人眞的比較不

容易被情感影響嗎？當年我讀了托馬斯．曼的《魔山》後，問了我的精神病學教授，托馬斯．曼是不是一位醫生，因爲他對肺結核的敘述實在太過準確了。結果我的教授回答：「怎麼可能？沒有任何醫生會這麼容易被病患的情緒影響。」

高智商的人可能比較難察覺到他人的感受，因此當他收到抱怨時，或許會很認眞的思考該如何解決問題，但**沒有意識到其實抱怨跟抗議的背後，藏著某些情感需求**。

PEANUTS
瑪西，我很努力了，但我的成績還是好差。
或許妳需要吃更營養的早餐，先生，或是去看個眼科，或是早點睡覺。
瑪西，妳難道不懂嗎？當一個人抱怨的時候，想要的不是解決問題的方法，只是一點安慰！！
4-11
不，我真的不了解這點，先生……
不要再叫我「先生」了！
SCHULZ

PEANUTS
瑪西，我想讀這本書，但我有點害怕。
我爺爺覺得讀書不好。
他總是說如果讀太多書，頭就會掉下來。
妳從第一章開始讀吧，先生。我會抓好妳的頭！
12-22
SCHULZ

在照顧別人時，很重要的一點是不因此忽視自己的需求。一旦我們忽略自己，也很難幫助到其他人。這也是爲什麼空服人員在說明如何使用氧氣罩時，總是會說：「如果您帶著小孩，請先爲自己戴上面罩，再幫孩子配戴。」佩蒂在寫讀書心得時，瑪西用盡全力想幫忙。但她做得太過頭，反而忘記寫自己的作業。

PEANUTS
她是在跟妳說話，瑪西……
老師？
Snicker Snax
我的讀書心得？噢，糟糕了！
老師，她太專心督促我了，結果自己忘記讀書！
Snicker Snax
瑪西，轉過來。我得告訴妳，我不跟不寫作業的人當朋友！
Snicker Snax
SCHULZ
1-5

雖然父母通常會毫無條件的愛著孩子，而且總是充滿耐心，但在瑪西這裡卻不適用。某天，瑪西的耐心被佩蒂耗盡，說話也開始夾槍帶棍。

我以為昨天的我已經夠笨了，
但今天的我才是真的笨！
我大腦裡的電池一定是壞掉了，
瑪西……
先生，
說不定工友伯伯
會有電線可以借我們。
嘲笑妳的笨蛋朋友是種罪過，
瑪西！
SCHULZ
11-14
© 1973 United Feature Syndicate, Inc.

盲目的讚美毫無價值

幫助他人提升自信很重要，但這件事必須基於事實。瑪西的幫助其實不是一直有效。完全真誠的人能在情緒不受影響的情況下給出鼓勵或批評。**或許可以透過讚美對方的優點來幫助**

對方獲得自信，但盲目的讚美跟諂媚是毫無價值的。瑪西可以盡可能的鼓勵佩蒂，但給她錯誤的安全感，並不會成就任何事情。

花生漫畫
「老朋友查理布朗」
舒茲著
妳知道我是什麼嗎？瑪西，我是雜草。
這世界上滿是漂亮的植物跟花朵，我就是根醜陋的雜草。
我是又醜又可憐的雜草，試著在人生的道路上向前邁進！
先生，妳比喻得很好。
妳知道雜草除了在不同環境的耐受力很好外，還能夠在受到破壞的土地上生長嗎？
那是什麼意思？
意思就是無論什麼難關妳都可以突破，先生！
天啊，瑪西，我想妳說的是對的。
我找回我的自信了，老師們放馬過來吧！問我任何問題！
要是校長發現他的辦公室門口有根雜草，一定會很驚訝吧。

C.9

舒茲筆下的寶藏

直面推卸責任的習慣才能跳脫困境

我們看過佩蒂如何把自己沒做作業，在學校拿不到好成績這件事怪到其他人或事情上。人們經常推卸責任，只要這樣，我們就可以藉機不做想逃避的事。這個負面特質是許多行爲背後的源頭。

舉例來說，有個酗酒的人說：「我當然會一直喝酒，不然我還能幹嘛？我老婆總是不停碎念所有事情，就是不願意停下來。如果你娶了我老婆，你絕對也會酗酒。」

其實他眞正要說的是：「我不需要改變。是我老婆應該要改變。」

責怪並不會帶來任何好結果。心理學認爲孩子有情緒問題是父母的錯，在我看來，這件事本身就是嚴重的錯誤。就算父母是主要原因，將責任歸咎在別處也不會讓病人好受一點。相反的，他可能沉湎於自憐之中：「我眞的很可憐，我爲此受了多少苦。看看他們是怎麼把我弄成這副模樣的！」

我會告訴那些把責任怪到父母身上的病人：「就算你是因爲父母才變得如此，但未來若你繼續如此，那就是自己的錯了。」直面推卸責任的習慣，讓許多病人得以向前踏出一大步。

PEANUTS
上面寫著地球的吸引力比 45 億年前少了 13%⋯⋯
7-5
那是誰的錯？
那是誰的錯？這不是任何人的錯啊。
你說什麼？不是任何人的錯？這**一定**是某個人的錯！必須有人來承擔責任！
快去找個代罪羔羊!!
SCHULZ

如果你真的想改善生活，跳脫困境，那麼試著做出改變吧！但如果繼續將一切怪在父母、學校教育、伴侶，或是任何人身上。那麼一切都只會維持原樣，隨之而來的只有失敗。

有時的確沒辦法挽救任何事情了，那麼就必須試著平靜接受事實。然而所有嘗試都需要努力，因此缺乏勇氣面對困難（或是個性軟弱）的人，此時同樣會想找個人怪罪，好減輕自己的痛苦。

PEANUTS
查理布朗，
我有事要跟你說。
作為你妹妹的心理諮商師，我必須說，你要為她的恐懼負責！
我嗎？
每個世代在面臨自己的問題時，都必須把責任怪給前一個世代。
這沒辦法解決任何問題，但會讓我們覺得好過一點！
9-1
SCHULZ

否認無法避免傷害

「你沒辦法被自己所不知道的事情傷害。」真的嗎？很難說。但有些人寧願不知道那些可能會破壞他們心情的事情。

沉默是金

有些人似乎認為，既然上帝賜予了人類說話的能力，他們就一定要好好使用，即便有時候閉嘴是比較好的解方。

不當使用語言將會造成可怕的後果。無數人因為一些愚蠢或惡毒的言語受傷，甚至死亡。雖然某些時候把話吞回肚子裡，可能會對自己造成傷害，但事實是，如果全人類都可以少講一點話，大家反而會過得更好。

有時候，最正確的解答是沉默。人類並不是唯一會說話的生物：鳥有鳥鳴、狗有狗吠、貓有貓叫。每個物種無疑都有屬於自己的語言。而**人類最與眾不同之處，並不是我們會說話，而是我們有智慧選擇保持沉默**。

這是雞生蛋、蛋生雞的問題，先生……這是沒有答案的！
好喔，太棒了，瑪西！只要我試著回答問題，就都是錯的！
2-24
但是只要我不回答，就是對的！
這正是教育的一環，先生。
© 1978 United Feature Syndicate, Inc.
SCHULZ

魔法思維

舒茲出自直覺畫下的許多心理學觀察都相當出色，有時他描繪出的內容甚至令人難以置信，好比接下來這個故事，根本應該獲得諾貝爾獎才對。

對精神科醫師來說，最難處理的一種情緒疾病就是強迫症（obsessive-compulsive syndrome）。這是種會造成諸多痛苦，甚至可能使人失能的疾病。典型的強迫症來自某個過度執著的念頭，伴隨強制性的執行儀式，像是爲了去除骯髒的感覺而必須一直洗手。令人振奮的是，強迫症已經可以透過藥物有效控制。不過這種症狀依然可以用佛洛伊德提出的心理動力學（psychodynamics）解釋。

佛洛伊德假定執著的念頭代表某種念想，而且通常是被禁止的念想。患者爲此感到羞恥，於是必須不斷透過某個象徵性儀式，來綜合抵銷掉心中禁忌的願望。

這個人之所以覺得自己必須想辦法壓抑念頭，是因爲除非念頭消失，不然想法就會實現。換句話說，他**相信自己可以透過想著某件事情，讓事情成真。我們通常將此稱之為「魔法思維」（Magical Thinking），意思是一個人的想法好似具有魔法一樣**。

好在理智通常占上風，我們會意識到自己的想法並不會眞的讓事情發生。如果願望有這種力量，那麼念頭就眞的有點危險了。我們經常默默想著「噢，去死吧」或是「我希望我能中頭獎」、「我有一百萬」。只要被挑釁，無論挑釁的人是爸爸、媽媽、老公、老婆、兒子、女兒、朋友，這些一閃即逝的惡毒想法都可能產生。

無數人在身邊的人離世後產生罪惡感，最終上門求診。我們常常遇到病患因爲曾經對某個人產生惡毒的想法，而覺得是自己造成對方離去，不論這個念頭有多短暫。

魔法思維或許在嬰兒時期就開始了。小嬰兒感到肚子餓，想要吃東西，結果媽媽就來餵他了。於是他開始認爲：「我想吃東西的念頭能控制媽媽的行動。我的願望可以控制她的行爲。」這種想法在隨後的嬰兒時期裡，會繼續擴展到其他情況中，因此小嬰兒最終相信，他可以透過意念控制事物和他人。

這是最令人恐懼的感受，就好像手中握有只要一動念就會爆炸的核武器一樣。想像一下，如果你所有的念頭都會在誕生的那一瞬間成爲事實，以及不管是好是壞，過往所有的想法都會成眞，那會是怎麼樣的感受。

舒茲在下面這則漫畫中，描繪出了這個概念。

花生漫畫
舒茲著
噢，不！
可惡！每次我想做什麼的時候就會下雨！
大雨，大雨，離開吧，改天再回來！
碰！
快把我藏起來！

在奈勒斯相信是他的想法使大雨停止後，他被自己可怕的力量嚇壞了。爲了全人類的安全和福祉著想，他央求露西趕快把自己藏起來，這樣他才沒辦法爲世界招致可怕的災禍。

舒茲簡直就是心理學天才！

自我實現預言

在人類的行爲之中，有個很有趣的現象，不過它也可能帶來不必要的痛苦。有些人一旦懷疑壞事將發生，就會非常焦慮，擔心到覺得自己再也承受不了。於是為了遠離焦慮感，他們會主動促成心中最害怕的事情發生，只為了趕快度過一切。

讓我們假設一下，你預期到某件不好的事可能會發生，那麼此刻這件事發生的機率是百分之五十。這個想法的確令人擔憂，但如果你一心只想著「趕快度過壞事」，那麼事件發生的機率就變成了百分之百了。

舒茲對人類行為的觀察實在太精妙了。**有些人會覺得，假如最後都要失敗，那麼與其被其他人打敗、自尊心受損，自己先動手還比較不難受**。

妳是不是打算要
踢掉我的沙堡？
等等，一下下就好，拜託，
先等我站起來好不好？
這樣我才有機會……
搶先毀掉它！！！
SCHULZ

奈勒斯知道露西每次都喜歡把他的沙堡毀掉，而他很討厭看到自己所有努力就這樣毀於一旦。這個念頭令他心煩：嗯，或許她會動手，又或許不會。但是搶在她動手之前踢掉，他所有努力就確定付諸東流了。

懷疑是人生的一部分。沒錯，這讓人感到很不舒服，但別讓你的自尊心提高失敗的可能性。

無解的痛苦

我曾經認眞問過舒茲，爲什麼他對心理學的觀察如此厲害，而且還能用漫畫表達出來。舒茲只是聳聳肩，說：「我沒有像你想的這麼聰明。」

下面是某個舒茲在心理學領域生性「聰慧」的例子。某次，舒茲問我能否說明一個一直困擾他的神學難題。接著，他拋出了那個老問題：「爲什麼慈愛的神會准許這麼多糟糕的事情發生？」

「你自己已經回答過這個問題了」我說。

舒茲看起來非常困惑。他問道：「我有嗎？在哪裡說的？」

「從《約伯記》來看，答案就是並沒有一個符合邏輯的解答。信仰著神的人們僅能預設神有特定的理由，必須讓這些災難發生，但以有限的人類智識卻無法理解背後存在的智慧。」我說。

接著，我拿起一本舒茲的書，並把下面這則漫畫翻給他看。

這背後一定有什麼意旨存在，
但我不知道是什麼……

背離世俗

在《花生漫畫》裡，有兩個角色看起來似乎與社會「格格不入」——乒乓（Pig-Pen）跟史派克（Spike）。

乒乓是一個極度有趣的角色。他是個不守成規的人，有著自己的價值觀跟標準，似乎不太在意整個世界如何看待他。

某種程度來說，乒乓讓我們想起了一九六〇年代的嬉皮文化。這群人創造出了與社會相互抗衡的文化及生活方式，對當時的主流價值不甚在乎，甚至抱有反抗心態。無可否認，當時的世界處於一個令人傷心的狀態，但要說這些嬉皮的生活方式可以帶來比較安穩、友善的世界，也令人難以相信。不過，這群身處一九六〇年代的年輕世代，認爲超過三十歲以上的人不僅老派，還擁有不健康的觀念。只有那些從藥物之中獲得靈感，感受到自由的靈魂可以將世界從傳統的社會風俗中拯救出來。一九六〇年代並不是唯一一段發展出不同文化的時期。

乒乓！
我好久沒看到你了。
你看起來就跟
以前一樣髒！
這世界需要一些
骯髒的人……
不然乾淨的人
就會完全占領世界了！
© 1991 United Feature Syndicate, Inc.

在這些標新立異的群體中，有些人開始懷疑自己沒辦法改變世界，他們或許應該試著適應社會。然而，當這些離開主流，追隨著不同大師的人意識到自己或許差點被吹笛人引入河流時，才發現早已深陷其中。大麻、迷幻藥，還有其他會讓心智短暫改變的藥物已成爲他們生活的一部分，讓人不知道沒有這些藥物該如何是好。舒茲對於這些背離世俗的人，有著深遠的

觀察。

PEANUTS
乒乓，我覺得大家都很喜歡你的獨立精神。
你在大家都很乾淨的時候還是維持髒亂！
噢，是啦，我一直都很獨立……
但是最近變得有點困難，世道改變了，我們每天又都長大了一點……
查理布朗，老實跟你說，我很害怕！
2-26
SCHULZ

如果一個人幸運的發現這些行爲會影響他適應現實生活，那就可以及早作出改變。這種察覺通常得等到有重大危機出現時才會發生，但如果可以提早察覺，那實在應該感到慶幸，因爲一切都還來得及。

"PEANUTS"
我後來覺得雙手保持乾淨很重要。
我真為你高興，乒乓。
是什麼事情讓你這樣覺得呢？
因為我發現所有汙垢都卡在我的指甲裡！
SCHULZ
11-15

把青少年時期的叛逆延長到接近二十歲，或是二十出頭，都還算可以接受。可是，當你眞的進入成年時期後，該怎麼辦？如果一個人堅持反對社會規範，那麼他該如何生存，更別說獲得成功了。**好的個性特質，應該讓我們得以隨著年紀增長，回頭省思自己的個性**。

有些人在嘗試後，認爲這種嘗試是無用的，因此終究還是放棄離開這個反文化。時至今日，我還是會遇見那些明知藥物有害，還是覺得自己無法改變的青少年，於是復原的漫漫長路上充斥著復發情況。

改變生活方式不是不可能，但確實需要費上一番功夫，也就是我們所說的，要有堅定的人格。許多人不願意付出必要的努力，有些人還可能搬出宿命論：「我生來就是這樣的人。」他們用這樣的說詞合理化自己的失敗，甚至可能成功說服周遭的人，相信他們已經無可救藥。

沒有人光是在路上走幾步就會變髒，但乒乓成功說服范蕾特，他就是這樣。於是他不用爲此負責，但也無法改變自己了。

另一個很常被拿來合理化事情的說法是「同儕壓力」。學校裡的每個人都在抽菸、喝酒、吸毒，諸如此類。這不是事實，如果你想跟那些喝酒吸毒的人牽連在一起，那是你的選擇。同儕壓力確實存在，但每個人都有能力選擇自己的朋友。

絕對是我周遭的環境……
你看我全身都是土！
SCHULZ

乒乓因爲他所處的「環境」而變髒，但是是他自己決定待在泥巴坑裡的。

反社會（以前稱作反文化）行爲會造成破壞。就說吸毒好了，某些藥物成癮不僅導致其他藥物治療難有效用，還可能導致不好的回憶不斷「閃現」，甚至造成大腦損傷。即便成功戒除藥物，**那些沒去學校、累積了一堆無法免除的不良紀錄、已經被浪費的大好時光，還是會持續影響這個人的一生。或許這世上真的有不歸路。**

PEANUTS
我可以的！
我一直害怕總有一天會這樣……
媽媽！

乒乓的故事到此爲止。另一個脫離社會的角色是史努比的哥哥史派克。史派克本質上來說是個思覺失調症患者。他與現實訣別，住在沙漠裡的仙人掌群中。你或許還記得史努比偶爾會暫時離開現實世界，遁入想像裡，但他總會回歸現實，明白自己是隻需要依賴某個圓頭小子提供食物的狗狗。史派克則走得有點太遠了，他進入了幻想的世界，把現實的大門重重甩在身後。

對於思覺失調症患者的親友來說，看著他脫離現實是件相當令人沮喪的事。但對於患者本人來說，幻想世界裡的生活或許非常舒適。

有些患者認爲自己很正常，當家人堅持要他們接受治療時，他們很可能會拒絕，甚至宣稱醫生也認同他們沒問題。

我昨天狀況很差，
並跟一位精神科醫師面談。
10-10
© 1985 United Feature Syndicate, Inc.
我問他，
開始跟仙人掌說話
是不是代表我快瘋了。
「不是，」
他說：「除非那棵仙人掌
回你話！」
拜託別說
任何話！
SCHULZ

現實有時很艱難，我們經常必須適應它的各種嚴苛考驗。假裝則相對容易許多，因爲唯一要做的事，就是改變想像而已。

現在開始仙人掌俱樂部
會議。
© 1987 United Feature Syndicate, Inc.
今日議題為可不可以戴帽子
參加會議。
5-21
我投「贊成」。
經過精采的討論，
結論是參加會議時
可以戴帽子。

現實世界中，學校或機構可以制定服裝規定，任何想繼續待在裡面的成員都必須遵守服儀規範。而在幻想裡則不用。

某些思覺失調症患者之所以脫離現實，是因為他們無法社交。與人建立連結太可怕了，所以他們選擇離開。我曾經在一間州立精神病院工作，目睹許多這樣的現象，這些孤寂之人的痛苦令人不忍直視。他們不是不渴望陪伴，而是對此感到懼怕。

然而，在州立醫院裡認識其他病患，也沒辦法讓他們獲得渴望的那種陪伴。

有時候，
我覺得很寂寞。
1-7-86
有時候，
我真希望有個人能抱抱我。
© 1985 United Feature Syndicate,Inc.
但我很清楚，
不能抱仙人掌。
也沒辦法抱風滾草！

某些極度自卑的人相信他們在現實中永遠無法有所成就，但是在幻想世界裡卻可以成爲任何人。我的病患中有過相信自己是億萬富翁、頂級銀行董事會成員，以及大法官。

我就跟你說我是本地仙人掌俱樂部的新董事，不是嗎？
© 1983 United Feature Syndicate, Inc.
同時也是整個組織的執行長、財務主管，和副總裁。
1-6-84
其實，我是裡面唯一的成員……

當然，也可以成爲年度運動員。

沙漠隊的外野手正等著這顆高飛球。
© 1984 United Feature Syndicate,Inc.

4-3
我們是
最強的！

病患會要求在週末暫時出院與家人團聚，而我們當然樂見其成。只是，也很常看到他們提早結束假期，回到醫院的保護傘下。對他們來說，跟現實接軌還是太過困難。

PEANUTS
很好，史派克，你可以面對這隻貓的！
8-26
讓他瞧瞧你的厲害！讓他見識你跟郊狼生活過的成果！給他一拳！

碰！！
PEANUTS
你這隻
笨貓！
8-27
你把我哥嚇個半死！！
現在他又跑回他的世界了，
這樣我就再也見不到他了！！
看看這隻貓
對我家做了什麼好事。
還是我應該跟哥哥一樣，
搬去郊狼住的地方？

於是史派克離開家人跟現實，回到沙漠的保護傘下。他與史努比分享的最後一個故事，證實了我們提到的——在現實裡生活有多麼困難。

跟其他米格魯一起狩獵狐狸是場災難。當其他小獵犬都在狩獵時，史派克卻迷路了，而且還得依靠一隻狐狸告訴他回家的路怎麼走。史努比代表著史派克的家族，了解史派克有必須回到幻想世界的理由。

有些人可能覺得閱讀《花生漫畫》，想像一群可以思考、寫小說、打字的狗狗，還有可以跟狗溝通的金絲雀們存在，豈不同樣住在幻想世界裡。的確如此，但只要我們還能放下漫畫，回到桌前繼續工作，一切就沒有大礙。

說出你心中所想

有時候我們被一本書的主題吸引，決定把它拿起來。但翻看了幾頁就因爲看不懂而放棄。我們可能會想：「哇，這眞的很深奧！一定是寫給那些資優生看的，我這種業餘人士還是算了。」

我以前也經常這樣想，但後來改變了想法。現在的我相信，只要充分了解自己研究的主題，就有能力讓人理解他所要表達的內容。我不一定同意佛洛伊德的所有心理學理論，但我知道他在說什麼。然而，有些佛洛伊德的追隨者卻寫出一些艱澀難懂的「高深學問」。對我來說，這意味著他們對這些主題的理解還不夠透徹。雜亂無章的論述通常暗示著背後模糊不清的思考。

PEANUTS
富蘭克林，
你在讀什麼？
這是一本心理學的書，
就我的理解，
這本書似乎非常厲害。
6-3
富蘭克林，
忘了這本書吧。
Tm. Reg. U.S. Pat. Off.—All rights reserved © 1972 by United Feature Syndicate, Inc.
只要有人看得懂，
它就不是一本厲害的心理學書！

許多人都跟佩蒂一樣，認爲好懂的東西不可能有價値。事實卻相反。非常懂心理學的人，可以用一般人也能理解的方式解釋他的想法。這就是爲什麼《花生漫畫》能如此精確傳達出舒茲的心理學觀察。透過漫畫就能告訴我們，他想說什麼。

什麼才是好的心理治療？

我有很多觀察心理治療過程的機會。有些心理學家支持長期心理治療，有些則提倡短期。現在也有許多不同的心理治療學派，每個派別都有自己推崇的方法。

判斷心理治療好壞的標準，並不在療程長短，或是使用技巧如何，而在於一個人能否把治療過程中獲得的東西實踐到日常生活。理論或許很有趣，但除非患者對自己爲什麼來到這一步，能夠有非常透澈的理解，不然整個治療很難明顯改變他們的感受或行爲。

花生漫畫
「老朋友查理布朗」
舒茲著
露西．潘．貝魯特
完美建議
心理諮商 15 元
我目前知道的是，我錯了！
醫生 候診 中
我的問題是我永遠不知道自己是不是在做對的事。
我需要身邊有個人可以在我做對某件事情時，告訴我我做對了……
好，你做的事是對的，15 元，謝謝！
Tm. Reg. U. S. Pat. Off.—All rights reserved © 1973 by United Feature Syndicate Inc
這麼快又來？怎麼了？
我錯了，這方法沒用。
在現實生活中，你需要的不只是有人告訴你，你正在做對的事……
現在，你**真的**學到一課了！ 15 元，謝謝！

當你從治療過程中學到可以落實在生活的方法，那就是眞的有所收穫，而這正是好的心理治療所能帶來的。

精神覺醒

在治療酗酒的過程裡，我們將患者意識到自己是酗酒者的時刻，稱作「精神覺醒」（Spiritual awakening）。在許多年甚至數十年的酗酒後，發生了某些事情，使這個人意識到自己的行爲異常，於是復原過程才得以開始。在此之前，不管怎麼努力都很難讓酗酒者認知自己的問題。

奇怪的是，沒有酗酒或是類似成癮問題的人，也可能陷入一樣的情況。他們日復一日用相同的方式生活，一切如常。雖然沒有做出任何破壞身體健康的行爲，但也從來沒思考過這一生想完成哪些事。除非哪天突然出現某個危機打亂所有規律，否則這些人從不思考人生目標。

如同蘇格拉底所說，未經檢視的生活是不值得過的（unexamined life is not worth living）。許多人終日汲汲營營，很少思考人生最終目的。能不經歷任何危機就理解到這件事的我們何其幸運。

花生漫畫
舒茲著
嗚哇！
怎麼了莎莉？發生什麼事了？妳怎麼哭了？
我不知道……
我在跳繩……一切都很好，然後……
突然覺得這一切毫無意義！

或許我們都有機會跟莎莉一樣幸運。如果能在規律生活中意識到沒有人生目標一切都是徒勞，就能帶著自己出發，找尋自身存在於世上的意義。

關於代言的荒謬

我常常很好奇爲什麼大家會因爲明星代言某種產品而被吸引。我可以理解一位運動員推薦好用的運動器材，或是健康專家認證某種藥物的療效。（雖然很遺憾，我記得在某個廣告裡，出現一幕四位醫生中有三位抽著同個牌子的菸！）但究竟爲什麼會因爲某個傑出的運動員喜歡某種飲料而跟著購買？

我很難接受世界上有這麼多人會輕易相信代言，但事實上就是明星代言花了上百萬經費，而這件事暗示了大家對此的信任。我對愛因斯坦在數學上的天才抱著最深的敬意，但我並不會因此想跟著他投奔相同的宗教。他在某個領域裡的傑出，並不會讓他在另一個領域裡也成爲權威。同樣的，阿圖羅．托斯卡尼尼的音樂天分也不會讓他在音樂之外的領域成爲巨擘。

喬．狄馬喬在大熱天打球從來不會抱怨！
誰是喬．狄馬喬？
© 1978 United Feature Syndicate, Inc.
史上最偉大的外野手之一！
我以為他只是在咖啡廣告裡出現的人。
SCHULZ
8-3

PEANUTS
校長室嗎？
我嗎？！
好的，女士。
我討厭去校長室！
我討厭這種好像永遠回不來，
或是沒有人會再見到我的感覺。
早安，有人叫我
來校長室報到。
請問我進去前
可以先打一通
電話嗎？
SCHULZ

令我懷念的從前

這則漫畫讓我感到懷念。

或許我懷念著權威還是權威，父母、老師、校長、法庭還有威嚴的時代。不管整個系統有什麼缺點，依然比今日的失序狀態好：濫交、失控的藥物成癮、猖獗的犯罪，威脅了人類作爲物種的生存。

我讀的小學叫做羅伊德街國小，那時的校長是艾赫貝女士。出生於一個宗教信仰虔誠的家庭，我從小就認爲神是至高無上的。事實上，應該說神的權力幾乎跟艾赫貝女士一樣大。被告知要「去校長室報到」比被拖出去斬首示眾還要糟糕。校長同時被大家尊敬跟懼怕著。

成爲醫學院學生後，我在一家長期收治精神疾病患的醫院幫患者做例行性健康檢查。想像一下，當我在名冊上看到下一位病人的名字是寶琳．艾赫貝時，內心有多麼驚嚇！我的校長艾赫貝女士？在精神疾病醫院裡？我最大的恐懼就在護士用輪椅推著一位瘦小的年長女士進門時成眞了。上了年紀的她已經出現退化症狀。現在距離當時又過了四十年光陰，但我仍然清晰記得那個時刻的震驚。我的校長，我敬愛又害怕的女性，已經被精神疾病重重打擊，這遠遠超出我的接受範圍。

從前從前，人們還對權威抱有敬意。或許是我一廂情願，可是，但願這份敬重有天還能重燃。

這是別人的錯

就像我們先前看過的，佩蒂拒絕承擔自己成績很差的責任，試著把這件事怪罪給其他人。但並非只有佩蒂如此，我們整個社會都陷入互相推卸責任的迴圈之中。

犯罪的人「被剝奪了可以老實賺錢的機會」，所以這是社會的問題。年輕人藥物成癮，因為「學校沒有做好他們的工作」，所以這又是社會的錯。

這眞是一派胡言。如果比較兩個人口一致的社區，即便一個社區比較貧窮，另一個比較富裕，兩者的犯罪跟藥物使用事件發生率是一樣的。

人們的行為出於他們自身的決定。只要我們還躲在「社會」的帷幕後，事情就不會改變。

PEANUTS
小心!!
嘿！看看你做的好事！
你把檯燈打破了，
只能怪你自己不小心！
或許我可以說
這是社會的錯！
9-29
SCHULZ

最糟的慈善事業

幫助他人很美好，我們都應該多做點好事。但理想情況是行善應該出於自己的意願，而且應該使用自己的積蓄。

政府的其中一個責任是照顧社會上有需要的人。雖然這很值得稱讚，但不可否認的事實是，在許多社會福利計畫中，眞正用來幫助這些人的金額非常小，大部分資金最終都流向這個龐大官僚體系的其他地方。

每隔一陣子，就會有人出聲揭發這些弊端，但其他人還是繼續這樣做。我懷疑如果這些人花的是自己的錢，濫權是否還會存在。整個執行過程一定會更加可靠嚴謹，浪費情況也一定會減少許多。

別言行不一

許多維權團體爲了不同的目標存在。當然，每個人都可以支持或反對任何團體。我們必須對各種意見抱持著開放的態度，只是，當一個事業體或信念系統中出現嚴重的不一致時，實在令人感到有些厭煩。

舉例來說，有些人積極聲援動物的權益，並反對爲了人類的口腹之慾宰殺動物。然而這些人之中的某些，卻又不排斥穿著舒適的皮革製鞋履。那些產品實在不太可能是用自然死亡的動物皮毛製成。

釣魚是件殘忍的事，先生，我永遠沒辦法當漁夫。
嗯，那是妳生來幸運，瑪西。
我以為妳是去幫我們買午餐。
我是啊，我買了我最喜歡的食物。
© 1998 United Feature Syndicate, Inc.
8-15
炸魚薯條！

如果你要爲某個目標奮鬥，那就眞誠一點。

最後的最後，給查理、瑪西、謝勒德、佩蒂，以及所有花生夥伴們

如同我先前討論的，瑪西跟謝勒德最大的不同，在於她雖然十分專心致志，但這份專注並沒有阻礙她陷入愛情或其他事物。然而有趣的是，瑪西跟佩蒂間情同母女，這也影響了她的愛情。瑪西對喜歡查理布朗感到抱歉，這份感情非常眞摯流露。

我剛剛好像做了一件超蠢的事情，先生，我告訴小查我喜歡他，然後還親了他的臉頰！
這都是他的錯！他們把他的棒球場搶走了，但他卻什麼反應都沒有！
他根本沒有反擊！他唯一做的事就是在階梯上反覆丟著球而已！
8-19
他實在讓我太生氣，害我直接跟他告白！

瑪西又喜歡查理，又對查理感到生氣。她因爲自己屈從於情緒而感到不安，覺得自己有必要爲此辯解。從瑪西用對查理感到生氣來解釋她喜歡查理這件事，我們能意識到藉口可以多荒謬！不過這些花生幫裡的角色就跟我們一樣！**舒茲，謝謝你用如此令人喜愛的方式，把我們的小小缺點都畫了出來。**

Eurasian Publishing Group
圓神出版事業機構
用心與你對話．視野無限寬廣

圓神出版社
Eurasian Press

www.booklife.com.tw　　reader@mail.eurasian.com.tw

勵志書系 163

好事即將發生 2：

史努比Snoopy陪你發現獨一無二的自己

作　　者／亞伯拉罕J．托爾斯基Abraham J. Twerski, M.D.、
　　　　　查爾斯．M．舒茲Charles M. Schulz
譯　　者／戴家榕
發 行 人／簡志忠
出 版 者／圓神出版社有限公司
地　　址／臺北市南京東路四段50號6樓之1
電　　話／（02）2579-6600．2579-8800．2570-3939
傳　　真／（02）2579-0338．2577-3220．2570-3636
副 社 長／陳秋月
主　　編／賴真真
責任編輯／吳靜怡
校　　對／吳靜怡．沈蕙婷
美術編輯／林韋伶
行銷企畫／陳禹伶．林雅雯
印務統籌／劉鳳剛．高榮祥
監　　印／高榮祥
排　　版／杜易蓉
經 銷 商／叩應股份有限公司
郵撥帳號／ 18707239
法律顧問／圓神出版事業機構法律顧問　蕭雄淋律師
印　　刷／國碩有限公司
2025年1月　初版
2025年9月　8刷
That's Not a Fault...It's a Character Trait

定價 360 元　　ISBN 978-986-133-952-8　　

查爾斯・舒茲的天才之處，在於他描繪了許多人格特質，並透過筆下受人喜愛的角色，展示這些特質的運作方式。他筆觸溫柔，畫出這些特質如何帶來負面影響，以及改變某些行爲後，我們能有多大收穫。

——《好事即將發生2：史努比Snoopy陪你發現獨一無二的自己》

國家圖書館出版品預行編目資料

好事即將發生2：史努比Snoopy陪你發現獨一無二的自己 / 亞伯拉罕J・托爾斯基（Abraham J. Twerski），查爾斯・M・舒茲（Charles M. Schulz）著；戴家榕譯. -- 初版. -- 臺北市：圓神出版社有限公司，2025.01

256 面；14.8×20.8公分 --（勵志書系；163）

譯自：That's not a fault--it's a character trait

ISBN 978-986-133-952-8（平裝）

1.CST：性格　2.CST：人格特質

173.761　　113017088